L'ADN des Nazaréens
Cours de Base de l'École de Leadership

Église du Nazaréen
Région Mésoamérique

Ruthie Córdova Carvallo

L'ADN des Nazaréens
Livre de la série "École de Leadership"
Cours de base

Autrice: Ruthie I. Carvallo Córdova

Éditeur d'espagnol: Dr. Mónica E. Mastronardi de Fernández

Éditeur de français: Rev. Monte Cyr

Traducteur: Jeudi Dezama

Formatrice: Bethany Cyr

Reviseur: Enel jean Joseph

Cette édition est publiée par les Ministères de la Formation de Disciples - Région Mésoamérique Eglise du Nazaréen

Rev. Monte Cyr

www.MedfdiRessources.MesoamericaRegion.org

discipleship@mesoamericaregion.org

Copyright © 2022 - Tous droits réservés

ISBN: 978-1-63580-303-7

L'autorisation est accordée pour copier ou / et photocopier les leçons. Ces droits ne sont autorisés que pour l'utilisation dans les églises locales et non à des fins commerciales.

Toutes les citations sont tirées de la nouvelle version Louis Segond 1910 par la Société biblique internationale, sauf indication contraire.

Conception: Juan Manuel Fernandez Design (jmfdesign@gmail.com)

Image de couverture par: Joshua Jordan

Utilisé avec permission de Creative Commons.

Impression digitale

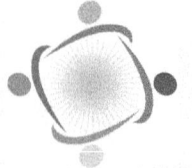

Index des Leçons

Leçon 1	Notre Identité	11
Leçon 2	Notre Origine	19
Leçon 3	Notre Fondateur	27
Leçon 4	Notre Histoire	35
Leçon 5	Nos Croyances	43
Leçon 6	Notre Organisation	51
Leçon 7	Nos Valeurs et Notre Mission	59
Leçon 8	Notre Style de Vie	67

Présentation

La collection de livres **d'École de Leadership** a été conçue dans le but de fournir un outil à l'église pour l'éducation, la formation et l'entrainement de ses membres afin de les intégrer activement au service chrétien selon les dons et l'appel (vocation) qu'ils ont reçu de leur Seigneur.

Chacun de ces livres fournit du matériel d'étude pour un cours du programme de **l'École de Leadership** offert par les institutions théologiques de la région Mésoamérique de l'Église du Nazaréen. Ce sont: IBN (Cobán, Guatemala); STN (ville de Guatemala); SENAMEX (Ville du Mexique) et SENDAS (San José, Costa Rica); SND (Saint-Domingue, République dominicaine) et SETENAC (La Havane, Cuba). Un bon nombre de dirigeants de ces institutions (recteurs, directeurs, vice-chanceliers et directeurs des études décentralisées) ont participé activement à la conception du programme.

L'École de Leadership a cinq cours de base, communs à tous les ministères, et six cours spécialisés pour chaque ministère, à l'issue desquels l'institution théologique respective accorde à l'étudiant un certificat (ou diplôme) en ministère spécialisé.

L'objectif général de **l'École de Leadership** est: « collaborer avec l'église locale dans le soin des saints pour le travail du ministère cimenter en eux un savoir théologique biblique et les développer dans l'exercice de leurs dons pour le service dans leur congrégation locale et dans la société. » Les objectifs spécifiques de ce programme sont au nombre de trois:

- Développer les dons du ministère de la congrégation locale.

- Multiplier les ministères de service au sein de l'église et la communauté.

- Eveiller la vocation à une pastorale professionnelle diversifiée.

Nous remercions le Dr Mónica Mastronardi de Fernández pour son dévouement en tant que rédactrice général en chef du projet, les coordinateurs régionaux des ministères et l'équipe d'écrivains et designers qui ont collaboré à ce projet. Nous sommes également reconnaissants aux enseignants et éducateurs qui partageront ces matériaux. Eux et elles feront une différence dans la vie de milliers de personnes dans toute la Région Méso-Amérique.

Enfin, nous ne pouvons pas rater de remercier le Dr L. Carlos Sáenz, directeur régional MAR, pour son support permanent dans cette tâche, en raison de sa conviction de la nécessité prioritaire d'une église entièrement équipée.

Nous prions pour la bénédiction de Dieu pour tous les disciples dont la vie et le service chrétien sera enrichi

Dr. Ruben E. Fernandez
Coordonnateur de l'Éducation et du Développement Pastoral
Région de la Méso-Amérique

Qu'est-ce que l'École de Leadership?

L'École de Leadership est un programme d'éducation pour les laïcs dans différentes spécialités ministérielles pour les impliquer dans la mission de l'église locale. Ce programme est administré par les institutions théologiques de l'Église du Nazaréen dans la région Méso-Amérique et transmis à la fois à leur siège et dans les églises locales enregistrées.

À qui s'adresse l'École de Leadership?

Pour tous les membres en pleine communion des Églises du Nazaréen qui, ayant participé aux niveaux B et C du programme de la formation de disciple, ils souhaitent de tout cœur découvrir vos dons et servir Dieu dans son œuvre.

Un Parcours de Grâce

Dans l'Église du Nazaréen, nous croyons que faire des disciples à l'image du Christ dans les nations est le fondement de l'œuvre missionnaire de l'Église et la responsabilité de sa direction (Éphésiens 4: 7-16). Pour cela, au niveau mondial, la mise en œuvre du discipulat progressif est promue sous la devise "Un parcours de grâce" (Jean 14: 6), un style de vie de discipulat. L'école de Leadership fait partie de la section Grâce Sanctifiante, et est conçue pour ceux qui ont traversé les sections de la grâce prévenante et de la grâce salvatrice du chemin du discipulat.

UN PARCOURS DE GRÂCE

LA GRÂCE PRÉVENANTE	LA GRÂCE SALVATRICE	LA GRÂCE SANCTIFIANTE		
"Je suis le chemin"	*"Je suis la vérité"*	*"Je suis la vie"*		
Dieu prépare le chemin devant nous. Il tend la main et nous fait signe vers lui, nous entraînant dans une relation plus profonde avec lui. Cette grâce précède notre réponse et en même temps permet notre réponse.	Jésus nous sauve du péché et il nous conduit à la vérité … la vérité qui nous libère. Nous recevons le don de la grâce salvatrice en croyant en dieu. Il nous rachète, fait de nous une nouvelle création et nous adopte dans sa famille.	Le saint-esprit nous donne la force de vivre pleinement consacrée à dieu. La grâce sanctifiante commence au moment où nous expérimentons le salut. Mais cela est suivi d'une croissance spirituelle dans la grâce, jusqu'à ce que, dans un moment de pleine consécration et d'abandon complet de notre part, dieu purifie et lave le coeur.		
		Chrétien Mature		
		CROISSANCE EN SAINTETÉ De l'adhésion à l'entière sanctification et engagement au service et au ministère	**DÉVELOPPEMENT MINISTÉRIEL** Découverte de la vocation, développement de dons et des talents. École du Leadership	**ÉDUCATION POUR LA VIE ET LE SERVICE** Croissance intégrale à la ressemblance du Christ
Non Chrétien	*Nouveau Chrétien*			
APPROCHE Évangélisme	**BAPTÊME ET ADHÉSION** Discipulat pour les nouveaux Chrétiens		**DÉVELOPPEMENT PROFESSIONNEL** Formations spécialisées dans les institutions théologique	

Le travail de disciple est continu et dynamique, c'est-à-dire que le disciple ne cesse de grandir à la ressemblance de son Seigneur. Ce processus de développement, lorsqu'il est sain, se produit dans toutes les dimensions: dans la dimension individuelle (croissance spirituelle), dans la dimension de sainteté de vie (transformation progressive de notre être et de notre faire selon le modèle de Jésus qui est le Christ) et en la dimension du service (investir la vie dans le ministère).

Dr. Monica Mastronardi de Fernandez
Rédacteur Général des Livres de l'École de Leadership

Comment utiliser ce livre?

Ce livre que vous tenez est pour le cours d'introduction: Découvrir ma vocation dans le Christ, du programme d'École de Leadership. L'objectif de ce cours est d'aider les membres des églises du Nazaréen de découvrir leurs dons et leur vocation ministérielle, et en même temps les encourager à s'inscrire à l'École de Leadership afin de s'équiper pour servir le Seigneur dans leur église locale.

Comment le contenu de ce livre est-il organisé?

Chacune des huit leçons de ce livre contient les éléments suivants:

- **Les objectifs:** Ce sont les objectifs d'apprentissage que l'élève est censé atteindre en terminant l'étude de la leçon.

- **Les idées principales:** Il s'agit d'un résumé des principaux enseignements de la leçon.

- **Le développement de la leçon:** Il s'agit de la section la plus complète car il s'agit du développement du contenu de la leçon. Ces leçons ont été écrites en pensant que le livre est l'enseignant, de sorte que son contenu est exprimé de manière dynamique, dans un langage simple et connecté avec les idées du monde contemporain.

- **Notes et commentaires:** Les tableaux en marge visent à clarifier les termes et fournir des notes qui complètent ou étendent le contenu de la leçon.

- **Questions:** Parfois, des questions sont incluses dans la marge que l'enseignant peut utiliser pour introduire, appliquer ou renforcer un thème de leçon.

- **Qu'avons-nous appris?:** Dans un encadrement qui apparaît à la fin du développement de la leçon, on a fourni un bref résumé de ce qui a été appris.

- **Activités:** Il s'agit d'une page à la fin de chaque leçon qui contient des activités d'apprentissage individuel ou en groupe lié au sujet étudié. Le temps estimé pour son achèvement en classe est de 20 minutes.

- **Évaluation finale du cours:** Il s'agit d'une feuille insérée dans la dernière page du livre et qui une fois terminée, l'étudiant doit séparer le livre et le remettre au professeur du cours. La durée estimée de cette dernière activité de renforcement est de 15 minutes.

Combien de temps dure le cours?

Ce livre a été conçu pour que le cours puisse être enseigné selon des différentes modalités:

<u>En cours de 8 sessions:</u>

Au total, 12 heures de cours face à face sont nécessaires, réparties en 8 séances de 90 minutes. Les jours et les heures seront coordonnés par chaque institution théologique et chaque église ou centre local d'études. Dans cette heure et demie, l'enseignant doit inclure le temps pour les activités contenues dans le livre.

<u>En atelier de 3 sessions:</u>

- Session plénière de 90 minutes (leçon 1).

- Six ateliers de 90 minutes chacun. Les participants assistent à l'un de ces ateliers selon leurs dons les plus dominants (leçons 2 à 7).

- Dernière séance plénière de 90 minutes (leçon 8).

Exemple de répartition du temps de l'atelier d'un samedi:

Atelier: Découvrir votre vocation dans le Christ

8:00am	Inscription
8:30 à 10:00 am	Plénière: Découvrir vos dons spirituels
10:00 à 10:30 am	Pause
10:30 à 12:00 pm	Ateliers sur les spécialités ministérielles
12:00 à 1:00 pm	Déjeuner.
1:00 à 2:30 pm	Plénière. Quel est mon rôle dans le Corps du Christ?
2:30 à 3:00 pm	Pause
3:00 à 4:00 pm	Présentation de l'École de leadership et préinscription aux cours de base

Quel est le rôle de l'étudiant?

L'étudiant est responsable de:

1. S'inscrire au cours à temps.
2. Acquérir le livre et étudier chaque leçon avant le cours de face à face.
3. Assister aux cours ponctuellement.
4. Participer aux activités de classe.
5. Participer à la pratique du ministère à l'église locale en dehors de la classe.
6. Compléter l'évaluation finale et la remettre à l'enseignant.

Quel est le rôle de l'enseignant du cours?

Les professeurs des cours de l'École de leadership sont des pasteurs et des laïcs engagés dans la mission et le ministère de l'Église et de préférence qui ont l'expérience du ministère qu'ils enseignent. Ils sont invités par le directeur de l'école de leadership de l'église locale (ou de l'institution théologique) et ses fonctions sont:

1. Se préparer à l'avance en étudiant le contenu du livre et en programmant l'utilisation du temps en classe. Pendant que vous étudiez la leçon, vous devriez avoir la Bible et un dictionnaire à portée de main. Même si dans les leçons un vocabulaire simple est utilisé, il est recommandé de "traduire" ce qui est considéré difficile de comprendre les élèves, c'est-à-dire de mettre la leçon dans la langue qu'ils et elles comprennent mieux.

2. Assurez-vous que les élèves étudient le contenu du livre et atteignent les objectifs d'apprentissage.

3. Planifier et accompagner les étudiants dans les activités de pratique du ministère. Ces activités doivent être programmées et planifiées avec le pasteur local et le principal du ministère respectif. Pour ces activités, le temps ne doit pas être déduit des cours de face à face.

4. Garder à jour les constances et les notes sur le formulaire de rapport de classe. La moyenne finale sera le résultat de ce que l'étudiant montre dans ces activités suivantes:

    a. Travail en classe

    b. Participation à la pratique ministérielle en dehors de la classe.

    c. Évaluation finale

5. Rassembler les feuilles "Évaluation", les remettre avec le formulaire "Rapport de classe" au moment de finaliser le cours auprès du directeur de l'école de leadership locale, ceci après avoir évalué, fermer les moyennes et vérifier que toutes les données sont complètes dans le formulaire.

6. Les enseignants ne doivent pas ajouter de devoirs d'étude ou de lectures en dehors du contenu du livre. S'ils doivent faire preuve de créativité dans la conception des activités d'apprentissage en classe et dans la planification des activités du ministère en dehors de la classe en fonction de la réalité de son église local et son contexte.

Comment enseigner à une classe?

Il est recommandé d'utiliser les 90 minutes de chaque cours de face à face comme suit:

- **5 minutes:** Faites un lien avec le sujet de la leçon précédente et prier ensemble.

- **30 minutes:** Révision et discussion du développement de la leçon. Il est recommandé d'utiliser un croquis imprimé, un tableau noir ou du papier cartonné ou autre disponible, utiliser la dynamique des aides d'apprentissage et visuelles telles que des graphiques, des dessins, des objets, des images, des questions, demander aux élèves de présenter des parties de la leçon, etc. Non recommandé d'utiliser le discours ou demander à l'enseignant de relire le contenu de la leçon.

- **5 minutes:** Pause en milieu de classe ou quand il est pratique de créer un intervalle.

- **20 minutes:** Travaille sur les activités du livre. Cela peut être fait au début, au milieu ou à la fin de l'examen, ou vous pouvez terminer les activités au fur et à mesure de leur progression dans les sujets et de leur relation avec eux.

- **20 minutes:** Discussion sur la pratique ministérielle qu'ils ont faite et ce qu'ils auront. Au début du cours, les étudiants doivent se voir présenter le programme de la pratique du cours pour eux de prendre des dispositions pour y assister. Dans les classes où parler de la pratique qu'ils ont déjà pratiquée, la conversation doit être dirigée pour que es élèves partagent ce qu'ils ont appris; à la fois de leurs succès et de leurs erreurs, ainsi que les difficultés qui ont surgi.

- **10 minutes:** Prière pour les problèmes découlant de la pratique (défis, personnes, problèmes, objectifs, gratitude pour les résultats, entre autres).

Comment faire l'évaluation finale du cours?

Accordez 15 minutes de temps aux étudiants de la dernière classe du cours. Si cela était nécessaire pour eux et ils peuvent consulter leurs livres et Bibles. Les évaluations finales ont été conçues pour être une activité de renforcement de ce qui a été appris au cours et non une répétition de mémoire du contenu du livre. Ce qui est proposé avec cette évaluation est de mesurer la compréhension et appréciation de l'étudiant envers les sujets abordés, sa croissance spirituelle, son progrès dans l'engagement à la mission de l'église locale et avancement dans l'expérience ministérielle.

Des Activités de la Pratique Ministérielle

Les activités suivantes sont suggérées pour la pratique ministérielle en dehors de la classe. Dans la liste ci-dessous, plusieurs idées sont incluses pour aider les enseignants, les pasteurs, le directeur local de l'école de leadership et les directeurs locaux du ministère. Parmi ceux-ci, vous pouvez choisir ceux qui conviennent le mieux à la réalité contextuelle et le ministère de l'église locale ou ils peuvent être remplacés par des autres selon les besoins et les possibilités.

Il est recommandé d'avoir au moins trois activités ministérielles par cours. Vous pouvez mettre toute la classe à travailler sur le même projet ou assigner des tâches en groupes selon leurs intérêts, dons et capacités. Il est conseillé d'impliquer les étudiants dans une variété d'expériences de ministère qui sont nouveaux pour eux.

Des activités ministérielles suggérées pour L'ADN des Nazaréens

1. Intégrer les élèves dans un comité de travail pour organiser un culte d'adoration spécial ou une activité de la célébration de l'anniversaire de l'Église du Nazaréen au mois d'octobre.

2. Répartir les étudiants en cellules, groupes de discipulat et/ou classes d'école du dimanche, des cultes de la jeunesse, entre autres, pour donner un cours sur l'histoire de nos fondateurs ou un autre sujet étudié.

3. Que les élèves préparent un panneau d'affichage spécial sur l'histoire de la dénomination.

4. Que les élèves préparent des arts visuels pour enseigner les valeurs de l'Église du Nazaréen (tels que signets, bannières, vidéoprojecteur de présentation, etc.).

5. Que les élèves préparent une pièce de théâtre ou trois pièces de théâtre aussi courtes pour un ou plusieurs cultes de l'église sur la position de la dénomination sur certaines questions critiques de contexte contemporain.

6. Que les élèves enseignent aux enfants les valeurs à l'aide de marionnettes, de clowns, de mimes ou de pièces de théâtre entre autres, selon leurs dons et capacités.

7. Visiter certaines maisons de la communauté pour parler aux voisins de nos valeurs et les inviter à une réunion d'évangélisation spéciale.

8. Organiser un service d'adoration ou une activité spéciale d'action de grâce le jour de l'anniversaire de l'église locale où chaque famille apporte un cadeau à utiliser dans le ministère (par exemple : Bibles, objets pour les classes des enfants, quelque chose pour décorer le bâtiment, quelque chose pour la construction, les nécessités du presbytère, l'équipement pour les services, etc.). Ces activités fonctionnent mieux lorsqu'il y a une liste des besoins disponible.

Leçon 1

NOTRE IDENTITÉ

Les Objectifs

- Connaître notre identité confessionnelle.
- Embrasser l'identité confessionnelle dans l'église locale.
- Exprimer notre identité confessionnelle.

Les Idées Principales

- L'identité est ce qu'on a en commun avec un groupe, et qui rend ce groupe unique et différent des autres.
- L'identité confessionnelle est basée sur une combinaison de but, de croyances et de valeurs d'une communauté chrétienne.

Introduction

Chaque personne a des traits physiques uniques qui sont hérités par des gènes où se trouve l'ADN. L'acronyme ADN, est l'abréviation par "acide désoxyribonucléique". Cet acide habite les noyaux de toutes cellules des êtres vivants et fonctionne comme une petite puce informatique puisqu'il contient l'information génétique que le dit organisme utilisera comme guide dans son développement et son fonctionnement. L'ADN est responsable de transmettre ce riche héritage des caractéristiques de nos ancêtres qui est part de notre identité.

Qu'est-ce que l'identité?

Dans cette section, nous apprendrons au sujet de l' "identité".

Les synonymes de, l'identité sont:

*Égalité,
Équivalence,
Authenticité.*

Chaque personne acquiert une identité à partir de son héritage génétique et continue de se former tout au long de sa vie grâce à l'influence familiale, coutumes, pays, sexe, nom, société, entre autres. L'identité est un ensemble de caractéristiques qui font que quelqu'un ou quelque chose est reconnu sans possibilité de confusion avec un autre. L'identité est ce qui nous distingue comme appartenant à une famille ou à un groupe de personnes. Ainsi, une personne est dite avoir une identité lorsqu'elle est congruente avec ce que c'est et ce qu'il fait et ce qui ne change pas malgré les circonstances.

Dans la société, les institutions, les entreprises et les organisations ont une identité qui les caractérise. Ces entités créent, forment et maintenir ce qu'on appelle l'identité d'entreprise, qui est la façon dont ils transmettent les valeurs, les promesses, les croyances, les comportements, les styles de satisfaction, etc. Cette identité se forme et se renforce, d'abord lieu avec tous ceux qui travaillent dans cette entreprise ou institution, comme des membres du conseil d'administration, aux travailleurs occupant des fonctions mineures au sein de l'organisation. Et deuxièmement, les entités passent du temps, ils investissent des ressources et de grosses sommes d'argent pour créer et prendre soin de leur identité aussi dans la communauté où ils travaillent et veulent faire un impact qui se traduit par des avantages significatifs.

L'Église du Nazaréen, en tant qu'organisation chrétienne, a également une identité définie qui la caractérise et qui s'exprime dans sa mission, ses croyances et valeurs. Dans ce cas, un aspect de son identité est d'être une partie de l'église universelle de Jésus qui est le Christ.

Dans le Nouveau Testament, chaque église locale fait partie de l'église universelle, mais aussi toute personne qui est membre de l'église locale, est membre de l'Église universelle de Jésus, le Christ. Une église locale est visible mais l'église universelle est invisible, car elle est composée de croyants de toutes les générations, qui ne sont pas présentes sous une forme corporelle, mais elles font partie de l'Église que Jésus qui est le Christ viendra chercher, dans sa seconde venue (1 Thessaloniciens 4: 13-17).

La Bible enseigne qu'il n'y a qu'une seule Église, l'Église de Jésus, le Christ. Tout ce qui est actuellement appelé "église" n'est pas encadré dans la notion biblique. La vraie nature de l'église est de double identité : en tant que peuple pris par Dieu du monde pour l'adorer et envoyé partout dans le monde pour témoigner et servir.

Des autres aspects de son identité sont que l'Église du Nazaréen commence avec l'histoire du peuple de Dieu trouvée dans l'Ancien et le Nouveau Testament. C'est une église qui accepte les croyances chrétiennes, elle est considérée protestante au sens doctrinal, c'est une église wesleyenne, elle identifie historiquement avec une tradition théologique particulière : le méthodisme, et promu comme une église de sainteté.

La mission, les valeurs, les croyances et des autres aspects constituent une sorte de "Culture ecclésiastique" qui identifie les membres de notre dénomination partout dans le monde.

La définition de John Wesley à propos de l'église, il décrit celle-ci entant qu'église universelle: « L'église catholique ou universelle est, tous les gens dans l'univers de qui Dieu a appelé le monde de telle manière qu'ils ont le droit de caractère d'être 'un corps', uni par 'un esprit'; ayant 'une foi, une espérance, un baptême; un seul Dieu et Père de tous, lui qui est à peu près tous, et pour tous, et en tous'. »

Pourquoi est-il important d'avoir une identité?

Dans cette section, nous étudierons la valeur d'avoir une identité.

Avoir une identité est très précieux et important. Sur un niveau personnel, l'identité est héritée, faite, façonnée et renforcée tout au long de la vie.

Les chrétiens développent également une identité en tant que disciples de Jésus, le Christ, en tant que membres d'une église locale et faisant partie de l'église universelle. Cette identité donne un sentiment d'appartenance, de sens à la vie, d'une mission claire et définie.

Il est très important d'avoir une identité chrétienne au milieu d'un contexte de confusion religieuse. Cette identité est censée fournir des racines, qui servent de point d'appui, qui donne de la stabilité, de la sécurité, un sentiment de l'adhésion, et établir des repères ou des paramètres à prendre des décisions et agir.

Méthodisme: Église fondée par John Wesley, caractérisée par la prière, l'étude Biblique, travail social, la prédication de la vie de sainteté, entre autres, en utilisant des méthodes dans son œuvre ministérielle.

Leçon 1 - Notre Identité

L'identité, en un sens, est reçue comme un héritage qu'il faut la connaître, la comprendre, la valoriser et l'entretenir. Dr Jean Knight, qui était le vingt-cinquième surintendant général de la dénomination, il a fait une étude dans la première lettre aux Corinthiens, chapitre 15:1-4 où il a noté trois idées importantes de l'apôtre Paul sur l'identité chrétienne:

Christologie: Étude de la théologie qui est à peu près différent des aspects de la personne du Christ comme le Sauveur du monde.

En premier lieu, que l'enseignement reçu (la tradition) doit être conservé et considéré comme un héritage vivant. En second lieu, que nous avons la responsabilité de prendre ces enseignements et de les transmettre, car c'est un héritage qui doit être transmis aux autres. Troisièmement, que ces enseignements doivent être centrés sur Jésus qui est le Christ qui est précisément le pur évangile, en faisant un héritage "christologique" (Knight:15-16)

Ainsi, chaque Nazaréen a un héritage personnel qu'il a reçu au sein de la dénomination et dans le mouvement wesleyen de la sainteté, pour qui est obligé de le transmettre à la génération suivante, mais surtout, de maintenir vivante la tradition (vérités, enseignements de l'évangile du Christ) et renforcer l'unité et la camaraderie.

Cependant, si la tradition n'est pas maintenue vivante, il y a un risque d'être perdu. Le Dr Knight dit que cela se produit lorsque ce qui est reçu et appris (la doctrine), elle ne se résume qu'à des formules qui se répètent, à des pratiques qui sont maintenus comme des rituels, à la perte du sens des croyances, à l'abandon de la place centrale du message évangélique pour des autres choses moins importantes et quand le culte devient impersonnel, plutôt qu'une relation vitale avec un Dieu vivant et saint.

Quels sont les composants de l'identité Nazaréenne?

Le patrimoine de l'église du Nazaréen se caractérise par divers éléments qui deviennent des composants de son identité. Pour le Dr. Knight, ces éléments clés sont la fidélité à la Parole de Dieu comme seule source d'autorité pour nos croyances et pratiques dans la foi chrétienne; l'accent mis sur la doctrine de l'entière sanctification; la prédication biblique; l'esprit de spontanéité dans la louange et la musique ; l'évangélisation; les missions; la compassion ; l'éducation chrétienne et la théologique; la jeunesse; et la direction de la dénomination sous la direction des surintendants. Tous ces éléments ont contribué à la formation et permanence de la dénomination à travers des années.

Ensuite, nous connaitrons les cinq composants de notre identité.

Comme dans l'identité d'une personne ou d'une organisation, ils font partie d'identité confessionnelle les valeurs, un nom, les traditions, histoire, organisation, engagement, sentiment d'appartenance, culture, croyances, etc. Par conséquent, pour mieux connaître et comprendre l'Église du Nazaréen en tant que dénomination, il faut comprendre ses fondateurs, l'église en tant qu'église chrétienne dans la tradition wesleyenne, connaitre la généalogie, ses origines, ses croyances et enseignements, sa mission, ses valeurs, ses propres caractéristiques et particularités, etc. c'est-à-dire son identité à l'intérieur de la diversité théologique dans le monde.

L'Église du Nazaréen dans le monde partage cinq éléments clés qui soutiennent l'identité confessionnelle. Ce sont : son histoire, sa théologie, son organisation, sa mission et son mode de vie.

Son histoire, qui décrit les origines de la dénomination, ses caractéristiques et ses distinctions, ses dirigeants fondateurs, sa vision, ses enjeux, ses premières convictions, ses relations avec les confessions sœurs, etc.

Sa théologie, qui expose les croyances de la dénomination, ses fondements doctrinaux, sa tradition ou son identité théologique, ses accents, ses enseignements, ses différences avec des autres traditions théologiques, etc.

Son organisation, qui révèle la forme de gouvernance de la dénomination, sa fin, ses structures, ses ministères, ses buts, son administration dans des différents domaines.

Sa mission, qui guide la dénomination, la nature de sa vocation, sa vision, sa mission, sa portée, son développement.

Son style de vie, établi par l'expérience chrétienne de ses membres et en raison de leur obéissance à vivre la vie sainte, manifestée dans son caractère et sa conduite chrétienne, dans ses valeurs, dans sa vision du monde, dans sa position sur les questions morales et sociales contemporains qui l'amènent à ressembler davantage à Jésus qui est le Christ.

Notre identité évangélique

Dans la section suivante, nous comprendrons notre héritage évangélique.

Le révérend Wilfredo Canales explique que nous sommes une église avec un héritage évangélique bien défini. Notre Église est enracinée dans une riche histoire chrétienne. Par conséquent, nous nous considérons comme les héritiers d'un héritage évangélique qui se rattache à la prédication de notre Seigneur Jésus qui est le Christ. Les articles de foi de notre Constitution donnent le meilleur témoignage de ce que c'est notre un dépôt de foi selon l'expression paulinienne. Ceux-ci ne constituent pas des déclarations doctrinales simples sans leurs racines expérientielles correspondantes. Ils sont plutôt le rappel constant du cadre de vie dans lequel nous devons bouger pour remplir notre mission.

L'identité évangélique qui caractérise notre Église découle d'un engagement sérieux envers les Écritures, comme notre plus haut standard de foi et conduite. Au sein de cet héritage évangélique, nous assumons avec intégrité le message biblique d'une vie de sainteté, comme norme d'une foi chrétienne qui honore Dieu et cherche à être utile à ses fins.

Nous devons relier l'enseignement biblique aux problèmes d'où l'église fonctionne. Il ne devrait y avoir aucun domaine d'activité humaine qui est exclu de la proclamation et de l'influence du message du salut total de Dieu en Jésus qui est le Christ.

Héritage:
Ce qui reste ou transmet aux successeurs ou les prochaines générations.

Comment se forme et se renforce l'identité nazaréenne au sein de l'église locale?

Ensuite, nous apprendrons à prendre soin et à transmettre notre identité.

Dans certaines églises locales, il est possible de trouver des familles qui ont été nazaréennes depuis de nombreuses années. Dans ce cas, il est bon de savoir qu'eux-mêmes essayer de préserver l'identité de la dénomination en lisant régulièrement des livres d'histoire missionnaire, en soutenant les célébrations des anniversaires et des événements de la dénomination et de l'église locale, en étant fidèle avec leur participation aux activités et services de l'église et du district, étant généreusement en finançant des projets de toutes sortes que l'église parraine au niveau local, départemental ou international et leur enthousiasme à partager avec des autres l'évangile et le message de la sainteté.

Dans le cas de membres qui viennent d'églises différentes ou qui n'ont pas aucune origine religieuse, il est important de travailler avec eux à travers des classes d'adhésion, clubs de lecture d'histoire confessionnelle, participation à des célébrations et des festivités telles qu'anniversaire de l'église locale, anniversaire de la dénomination, jours spéciaux (Le Jour du pasteur, Le Jour de John Wesley, Le Jour de Phineas Bresee, etc.), pour assister des événements confessionnels au niveau du district, national et international (conférences, assemblées, retraites, congrès, etc.), pour apporter ses idées et des suggestions pour favoriser l'amour de la dénomination et développer des ministères avec la communauté.

Chaque église locale a besoin d'un système permanent de formation des disciples de manière intentionnelle aux nouveaux convertis et aux membres, pour enseigner les croyances et les traditions distinctives de l'Église du Nazaréen. Pour cela, on doit organiser des cours pour le baptême, l'adhésion, croissance dans la sainteté de vie, les ministères, le leadership, etc.

Il est nécessaire d'enseigner aux nouveaux chrétiens non seulement les croyances essentielles communes à toutes les Églises chrétiennes, mais aussi qu'elles valorisent le fait d'être nazaréens et wesleyens. Construire une atmosphère de dialogue pour parler aux membres de l'église locale sur ce que signifie être un nazaréen et Wesleyen du point de vue historique et théologique et ses différences avec des autres traditions.

Il est également important la promotion et l'utilisation des matériaux d'enseignement de la dénomination. Consacrer un week-end pour présenter aux membres de l'église locale, ce que la dénomination produit pour la formation et la croissance de leur vie chrétienne selon leur âge, à partir de matériaux de l'évangélisation aux cours de la formation théologique. Montrer de manière créative comment utiliser le matériel individuellement, au niveau familial, en groupe des tout-petits et dans les classes de l'école du dimanche.

> *Une bonne prédication biblique fortifie l'identité de la dénomination.*

De même, pour promouvoir les programmes du travail missionnaire de la dénomination à travers des activités créatives et joyeuses qui capte l'intérêt, élargir la vision, générer de la motivation et stimuler leur participation pour soutenir la mission. Il est important que les membres sentent qu'ils participent à la mission globale de la dénomination.

Une bonne prédication biblique renforce l'identité confessionnelle, surtout lorsque des sermons explicatifs sont prêchés sur la base théologique et dont l'objet est de renforcer ces enseignements pratiques concernant la sainteté.

Une autre façon de maintenir l'identité de l'église locale est d'encourager le sens de la communauté, où les croyants se connectent avec Dieu et l'un avec l'autre, où ils se sentent ensemble comme des frères en Jésus qui est le Christ, chanter, prier, participer aux sacrements, se soutenir, se restaurer et se considérer comme faisant partie d'une grande famille internationale.

En résumé, pour que l'église locale crée, forme et maintienne une forte identité confessionnelle, elle doit tirer a partir des ressources à sa disposition d'aider ses membres à connaître et à apprécier les forces de leur passé historique en tant que Nazaréens, leur identité théologique en tant que Wesleyens, et leur distinction en tant qu'église de la sainteté, garder vivante la doctrine, les pratiques, adorer et prêcher de différentes manières, investir du temps et des ressources dans le discipulat des nouveaux convertis, former et développer les laïcs à utiliser leurs dons, capacités et talents dans le travail, préserver les nouveaux convertis en les regroupant et en les équipant pour le service et l'accomplissement de la mission de l'Église.

Avoir une identité confessionnelle favorise chez les membres un sentiment d'appartenance et facilite l'utilisation des ressources et des efforts, bénéficiant ainsi à l'église partout dans le monde. Cependant, si au contraire un ou plusieurs aspects de cette formation identitaire sont négligés, l'église locale risque de le perdre. Il est donc important d'être vigilant lorsqu'apparaissent des signes pouvant endommager ou entraîner une perte d'identité confessionnelle. Par exemple, lorsque des croyances, des pratiques ou d'autres éléments incompatibles avec sa tradition doctrinale.

Qu'avons-nous Appris?

Que l'Église du Nazaréen a une identité définie, contenue dans cinq principaux composants qui sont communs à tous les Nazaréens et Nazaréennes partout dans le monde. Il est important de la part de l'église locale de former et de maintenir notre identité.

Des Activités

DES INSTRUCTIONS:

1. Appliquer les principes de Warren Bennis et Burt Nanus, pour les organisations (Leaders : Les quatre clés du leadership efficace p. 35, 1994), nous pouvons dire qu'une église locale doit assurer son identité confessionnelle, cela le permettra d'être intégrée, c'est-à-dire "d'avoir un sens de ce qui est et de ce qui devrait fabriquer". Pour évaluer dans quelle mesure cela se passe dans votre congrégation, répondez à l'enquête suivante auprès d'environ 10 personnes:

   Pourquoi êtes-vous nazaréen ?

   Quelle est la doctrine distinctive de l'Église du Nazaréen ?

   Pouvez-vous citer son fondateur ?

   Quelle est la mission de la dénomination ?

2. Rédigez une liste de 6 caractéristiques qui décrivent votre église locale. De quel genre d'église s'agit-il ? Analysez et Réfléchissez à ce que vous avez écrit à la lumière de ce qui a été enseigné dans cette leçon sur l'identité confessionnelle.

   _____   _____   _____
   _____   _____   _____
   _____
   _____

3. Donnez 5 idées pratiques que votre église locale peut faire pour former et renforcer son identité confessionnelle.

   _____
   _____
   _____
   _____

4. Donnez 3 idées pratiques que vous et votre famille pouvez faire pour former et renforcer votre identité en tant que nazaréens.

   _____
   _____
   _____

5. Réfléchissez et notez 5 aspects qui vous identifient en tant que Nazaréen.

   _____
   _____
   _____

Leçon 2

NOTRE ORIGINE

Les Objectifs

- Comprendre que l'Église du Nazaréen est une église chrétienne.
- Connaître la nature et la mission de l'église chrétienne.
- Apprécier les métaphores bibliques de l'église.

Les Idées Principales

- L'église de Jésus qui est le Christ comprend tous ceux qui ont confiance en Jésus le Christ comme Seigneur et Sauveur.
- L'Église du Nazaréen fait partie de l'Église chrétienne universelle parce qu'elle y faisait confiance et proclamait Jésus, le Christ.

Introduction

Les crédos œcuméniques: Le crédo est une déclaration de croyances fondamentales de l'église chrétienne. Dans les premiers siècles, ils ont été faits des conciles œcuméniques à Nicée (325) et à Constantinople (381) où ils ont été composés des résumés d'enseignements des apôtres, l'un de ceux qui est connu comme le symbole des Apôtres. Entant que les données des premiers siècles, ce crédo est commun aux Églises catholiques, Église orthodoxe et Église protestante. Une copie de ce crédo est inclue dans la Leçon 5.

Le Manuel de l'Église du Nazaréen est un guide qui contient de manière ordonnée et des informations systématiques sur l'histoire, les croyances, l'organisation, le gouvernement, les objectifs, les fonctions, les procédures, la mission, les valeurs, pratiques éthiques, et les positions officielles de la dénomination, constituant dans un instrument de support administratif pour les dirigeants et l'efficacité pour la tâche de la dénomination.

Être clairs sur notre identité en tant que Nazaréens nous permet d'établir une relation entre qui nous sommes en tant qu'église et quelle est notre mission. Par conséquent, il est nécessaire de réfléchir sur la nature ou l'origine de l'église et la nature de sa mission dans le monde. Alors, comprendre ce qu'est l'église, cela signifie être le peuple de Dieu, ou la communauté des croyants, c'est fondamental à la vision d'un ministère efficace et fidèle de l'évangile du Christ.

L'Église du Nazaréen fait partie de l'Église universelle du Christ qui a confessée Jésus, le Christ comme son Sauveur et Seigneur, qui est basé sur les Écritures en tant que Parole de Dieu et affirmant les grands crédos œcuméniques historiques de la foi chrétienne. Bien qu'il existe certains aspects qui nous distinguent en tant que dénomination, nous, les Nazaréens, nous nous identifions en tant que chrétiens avec les autres églises chrétiennes à travers l'histoire passée et présente.

Qu'est-ce qu'une église chrétienne?

Dans cette section, nous comprendrons que l'Église du Nazaréen est chrétienne.

L'église chrétienne ou l'église de Jésus qui est le Christ, a été instituée par Dieu lui-même, puisque c'est seulement Jésus, le Christ qui a donné sa propre vie pour nous sauver du péché. Sans le Christ, l'Église n'existerait pas. Il est son fondateur et sa fondation. L'Église lui appartient et non à nous.

L'Église est "l'assemblée de ceux qui sont appelés" (ecclésia) par Dieu pour être sauvés, et ceux qui ont répondu à cet appel sont devenus des enfants adoptés de Dieu. L'Église est née le jour de la Pentecôte lorsque le Saint-Esprit a été répandu dans le cœur de tous ceux qui ont cru en Jésus qui est le Christ, ils l'ont reçu et accepté comme Sauveur et Seigneur et ont décidé de le suivre. L'Église est composée des fils et des filles de Dieu, des gens remplis de l'Esprit-Saint, c'est pourquoi l'Église, plus qu'une organisation, est un organisme vivant. Chaque chrétien est membre, c'est-à-dire appartient à cette Église du Christ ou Église universelle. Par conséquent, si nous voulons être fidèles à Jésus qui est le Christ, nous devons être fidèles à l'Église.

L'Église du Nazaréen affirme dans son Manuel qu'elle est considérée comme une église chrétienne et l'exprime dans plusieurs de ses paragraphes. Dans la partie II, de la constitution de l'église, se lit comme ceci:

> *23. L'église de Dieu est composée de toutes les personnes spirituellement régénérées, dont les noms sont écrits dans le ciel.*
>
> *24. Les églises particulières doivent être composées de ces personnes régénérées qui, par autorisation providentielle et par la direction du Saint-Esprit, s'unir pour avoir la sainte communion et les ministères.*
>
> *25. L'Église du Nazaréen est composée de ces personnes qui se sont volontairement associés conformément aux doctrines et gouvernement de la dite église, et qui recherchent la sainte communion chrétienne, la conversion des pécheurs, l'entière sanctification des croyants, son édification dans la sainteté et la simplicité et la puissance spirituelle manifestée dans l'église primitive du Nouveau Testament, avec la prédication de l'évangile à toute créature.*

¿ Qui composent l'Église du Nazaréen ?

Dans l'article de foi XI de l'église du Nazaréen, on nous a résumé ce que nous croyons:

> *Nous croyons tous en l'église, la communauté qui l'a confiée à Jésus qui est le Christ comme Seigneur, peuple de l'alliance de Dieu renouvelé en Christ, le Corps du Christ appelé à être un par le Saint-Esprit à travers la Parole.*
>
> *Dieu appelle l'Église à exprimer sa vie dans l'unité et la communion de l'Esprit; dans l'adoration par la prédication de la Parole, dans l'observance des sacrements, et en œuvrant en son nom, et par l'obéissance au Christ et responsabilité mutuelle.*
>
> *La mission de l'église dans le monde est de continuer l'œuvre rédemptrice du Christ avec la puissance de l'Esprit, par une vie sainte, l'évangélisation, l'éducation, la formation de disciples et le service.*
>
> *L'église est une réalité historique qui est organisée de manière culturellement adaptée, elle existe à la fois en tant que congrégations locales et en tant que corps universel ; elle met à part les personnes appelées par Dieu à des ministères spécifiques. Dieu appelle l'église à vivre sous son règne en prévision de la consommation à la venue de notre Seigneur Jésus qui est le Christ.*

L'une des valeurs essentielles de l'Église du Nazaréen est que <u>nous sommes une église ou un peuple chrétien, et nous entendons par là que nous sommes unis à tous ceux qui croient en la proclamation de la Seigneurie de Jésus qui est le Christ</u>, que nous prêchons l'amour et le pardon de Dieu, que nous reflétons le caractère de Dieu dans l'église et dans la communauté, que nous croyions et acceptions les Écritures comme la seule source d'autorité et que nous affirmons les crédo œcuméniques et croyances de la foi chrétienne.

La Reforma: c'est le nom reçu par le mouvement religieux qui s'est produit en Europe au XVIe siècle lorsque divers prêtres, penseurs et dirigeants politiques ont dénoncé les abus et dérives encourus au sein de l'Église catholique romaine, dans l'intention de le réformer spirituellement à elle. Mais la tentative de réforme a été rejetée pour lequel c'est arrivé un schisme et ainsi surgissent les Églises protestantes soutenues par les gouvernements de divers pays comme l'Allemagne, l'Angleterre, la France, la Hollande, la Suisse, l'Ecosse, Belgique, entre autres.

Leçon 2 - Notre Origine

L'Église est UNE
Dans l'église du Christ, personne ne doit être séparée ou méprisée pour des raisons de sexe, de race, de culture, position sociale, éducation ou autre raison (1 Corinthiens 12 : 13-25). Ces relations harmonieuses à l'église ne se produisent pas de manière miraculeuse. Pour cela, Paul a dit dans Ephésiens 4:16, que le corps doit être bien "arrangé". La signification de ce mot grec sunarmologoumenon, est "Serré" ou "attaché" et résulte de l'union de deux mots : sun et harmologos, qui signifient "attachement" et "penchant". Cette figure illustre les relations d'aide mutuelle et de solidarité qui doit exister entre les membres de l'église (Archibald Thomas Robertson).

Les constructeurs de l'église
Les dirigeants doivent être de bons intendants des ressources humaines de l'église. Cette figure du édifice dans 1 Corinthiens 3:10-17, il enseigne que c'est de la responsabilité des dirigeants de choisir les matériaux idéaux pour l'assemblage des pièces du édifice, de sorte que chacune d'elle respecte sa fonction particulière. Entraîner et localiser chaque personne à travailler dans les ministères pour lequel il a été appelé, c'est l'une des principales fonctions du leadership chrétien.

Notre dénomination est également considérée comme chrétienne parce que nous sommes héritiers des principes du mouvement de la réforme protestante et parce que nos racines historiques, en passant par l'église méthodiste (John Wesley), nous amène à l'église chrétienne du Nouveau Testament.

D'autre part, nous comprenons qu'être chrétien, c'est être automatiquement membre de l'église du Christ. On ne peut pas vivre un christianisme à l'extérieur de la communauté des croyants car c'est là qu'on grandit, qu'on encourage à l'autre, nous travaillons ensemble et exprimons l'amour de Dieu dans les relations interpersonnelles. Nous croyons que la sainteté ne peut être vécue isolément des autres. Cela ne fonctionne pas, car c'est justement dans la coexistence de certains avec des autres où le caractère saint des croyants est appris et formé.

Des images bibliques de l'Église

Maintenant, nous apprendrons un peu plus au sujet de l'église par le moyen des métaphores bibliques.

Le corps du Christ

L'Apôtre Paul utilise la métaphore de l'Église comme Corps du Christ pour enseigner l'unité de l'église et son but dans ce monde. Paul a une prédilection pour la métaphore du corps car elle est très utile pour enseigner certaines caractéristiques qui rendent l'Église du Christ unique parmi les autres associations humaines.

Paul affirme; "Vous êtes donc le corps du Christ, et tous les membres en particulier font un" (1 Corinthiens 12 :27). En d'autres termes, ce que l'apôtre veut souligner n'est pas que l'Église ressemble au Corps du Christ, mais que l'église est le Corps du Christ sur terre. Les Commentaires de Richard Taylor à cet égard, disant que l'Église est "l'ensemble de la communauté des chrétiens qui constitue le prolongement de l'incarnation terrestre de notre Seigneur Jésus qui est le Christ". Lorsque l'église sert le monde comme le Christ l'a fait, les gens peuvent voir le Christ par le moyen de l'œuvre de l'église.

Des autres passages où Paul renforce cette vérité sont:

a) Le Christ agit à travers de l'église, son corps (Ephésiens 1:22-23).

b) Chaque membre qui se joint à l'église est inséré dans la chair et les ossements du Corps du Christ (Ephésiens 5:29-30).

c) Chaque membre a une place et une fonction dans le Corps du Christ et cette fonction ou ministère devraient être une continuation de l'œuvre du Christ (1 Corinthiens 12:12).

Cette Église du Christ dont parle l'apôtre, c'est l'Église universelle. Pierre Larson explique que le lien qui unit cette église est spirituel (Colossiens 1:18, 24), c'est le même Esprit de Dieu qui habite dans chacun de ses membres

(1 Corinthiens 1:13) et cet Esprit est un, comme le Christ est un et ne peut être divisé. L'Église est "une", car il n'y a qu'un corps. Cette unité exprime l'harmonie, le travail d'équipe et la collaboration ensemble pour atteindre des objectifs communs. L'Église doit être soumise au Christ, qui est le chef de ce corps. Il est son Sauveur. L'église du Christ a un corps de croyants dans chaque "église locale", mais elle a aussi un corps au sein de l'église universelle, composée de toutes les églises chrétiennes de toutes les cultures.

En tant qu'édifice

Dans le Nouveau Testament, les personnes rachetées sont comparées à un édifice. Certaines personnes utilisent aujourd'hui les termes "temple" et "église" comme s'il s'agissait de synonymes pour désigner le bâtiment où les croyants se réunissent pour adorer Dieu. Mais le mot "église" dans le Nouveau Testament, explique Donald Kammerdiener, fait toujours référence à l'ensemble des hommes et de femmes qui sont des disciples du Christ (2 Corinthiens 6:16) et jamais dans un bâtiment où se réunissaient les chrétiens.

Dans Ephésiens 2 : 19-22, l'apôtre Paul rapporte l'Église à un édifice dont le fondement sont les apôtres et les prophètes, et dont la pierre angulaire, la qui soutient toute l'édifice, c'est le Christ. Cet édifice est un temple sacré et demeure de Dieu en Esprit. William Barclay, met en garde contre les dangers de fonder l'unité de l'église, dans l'organisation, la forme du culte, les rituels ou des autres choses du même genre.

L'église est un édifice en constante évolution. Les pierres qui composent la structure de cet édifice sont les disciples du Christ (1 Pierre 2 : 5). La vraie église s'efforce continuellement d'ajouter de nouveaux croyants, qui à leur tour, étant bien ancrés dans la structure de l'édifice, ils peuvent servir de support aux autres qui s'ajouteront. Dans 1 Corinthiens 14:12 Paul mentionne que Dieu accorde des dons spirituels aux membres de l'église afin qu'ils puissent s'édifier les uns les autres. Chacun des croyants seront jugés et récompensés le jour du jugement dernier sur la base de l'excellence avec laquelle il a servi selon les dons qui lui ont été accordés (1 Corinthiens 4:2).

En tant que famille de Dieu

Dans Ephésiens 2:19, l'apôtre Paul affirme que tous les chrétiens sont des membres de la famille de Dieu. C'est la même chose que ce que l'apôtre Pierre en déclarant que les chrétiens sont de la même lignée (1 Pierre 2: 9-10). Il écrit pour les croyants et affirme que tous sont "la famille de Dieu". Tout comme Dieu a choisi Israël pour être son peuple saint parmi les autres peuples, ainsi que l'Église, a été choisie pour être sa famille spéciale.

Dans cette famille, Jésus qui est le Christ est le frère aîné (Romains 8:29). Comme notre fournisseur, notre leader et notre exemple pour suivre, continuer. Le Christ se soucie de notre développement et nous fournit un abri et amour.

Appartenir à la famille de Dieu a des privilèges. Pierre Larson explique que le mot grec oikeios, "famille" exprime "l'idée d'intimité, de proximité de relation, d'amour, de chaleur, d'instruction, de protection, de discipline et d'héritage. Cette chaleur familiale est pour tous ceux qui en font partie. Aucun membre ne doit se sentir isolé ou marginalisé. Ils sont tous importants!"

Leçon 2 - Notre Origine

Lignée
Le mot "lignée" signifie union avec une famille par les liens de sang. Tous ceux qui ont accepté le Christ comme son Seigneur et Sauveur appartiennent à la lignée familiale de Dieu. Les enfants de Dieu sont ceux qui ont été lavés avec le sang de l'Agneau, et qui a commencé à vivre une nouvelle vie, sous la volonté de Dieu. L'apôtre Pierre affirme que les chrétiens sont "une famille de Dieu"

Qui est la Pierre?
Pierre est d'accord avec Paul, que le Christ est la "pierre vivante" ou "Pierre angulaire principale" qui supporte l'ensemble de l'édifice de l'Église (1 Pierre 2:4-8). Des passages comme ce spectacle que l'affirmation de l'Église catholique romaine au sujet de la pierre n'est pas correcte où l'église qui a été construite est Pierre, basant sur une mauvaise interprétation de Matthieu 16:18 (voir aussi 1 Corinthiens 3:11).

Une famille en formation
Comme Dieu a choisi Israël pour être son peuple saint parmi les autres peuples, comme celui-ci aussi l'Église, a été choisi pour être sa famille spéciale. Dieu forme une nouvelle famille universelle, qui accueille toutes les familles de la terre. Les familles qui sont unies à la grande famille de Dieu qui sont de toutes sortes et de toutes tailles.

Des autres images bibliques de l'église:

- En tant que plante ou plantation (Luc 13:18-19, Matthieu 9:37-38, Colossiens 1:20-23, I Corinthiens 3:1-23).
- Comme un troupeau (Psaume 23; Jérémie 13:17, Michée 2:12, Jean 10:1-21).
- En tant que nation sainte (Exode 19:5-6, I Pierre 2:9-10, Apocalypse 5:11-14 ; Philippiens 2:10-11).
- En tant qu'ambassadeurs du Christ (2 Corinthiens 5:19-20; 1 Corinthiens 7:11)
- En tant que petite amie ou épouse (Esaïe 62:5, Osée 2:19, Matthieu 9:15, 25:1-13, Éphésiens 5:25-32, Apocalypse 19:7-8 et autres).

Appartenir à la famille de Dieu comporte des responsabilités. Aux Galates 6:10 on exhorte de faire le bien surtout à ceux qui sont de la famille de la foi. Ceux qui n'aident pas leurs frères dans le besoin nient avec ce comportement indifférent être des disciples authentiques du Christ (1 Timothée 5:8). La pratique de la charité parmi les chrétiens est une caractéristique qui ne doit pas être manquée dans la famille de Dieu.

L'église est une famille en formation. Orlando Costas, affirme que la famille de l'église naît de l'amour inépuisable et incessant du Père, qui l'a formé pour être "le premier de la nouvelle création", créé pour être un instrument du Père pour répandre son amour. Elle n'est pas un produit fini, mais une famille en formation, dans laquelle ses membres apprennent à établir des relations de manière responsable.

Les membres de la famille de Dieu ont bien plus en communs qui les unissent, que ceux qui les séparent. Les liens qui unissent les chrétiens sont des vérités éternelles qu'aucune puissance humaine ou satanique ne peut détruire. Souvent, ce qui parvient à les séparer et les contrarier est insignifiant par rapport à ces vérités. Dans la famille de Dieu, tous s'efforcent de se comprendre, de s'aimer et se soutenir mutuellement, c'est ainsi que les familles restent unies et plus fortes. Les mêmes péchés d'égoïsme qui détruisent la famille humaine, sont ceux qui nuisent à la famille de la foi (Éphésiens 5:1-6:9).

Caractéristiques de l'Église chrétienne

Dans cette section, nous étudierons les quatre caractéristiques d'une église chrétienne.

Le Dr Orton Wiley énumère quatre caractéristiques principales de l'église chrétienne et que notre dénomination enseigne et reflète dans le monde:

Quels sont les quatre caractéristiques principales de l'église chrétienne?

1. *L'Église chrétienne est une et diverse dans l'Esprit et ne cherche pas l'uniformité.*

2. *Elle est sainte parce qu'elle est séparée du monde pour être consacrée à Dieu, ce qui s'exprime dans une vie propre, pure et de dévotion totale de ses membres.*

3. *Elle est universelle ou catholique parce qu'elle parle d'une foi chrétienne universelle et comprend tous les chrétiens du monde entier, ceux qui vivent actuellement et aux chrétiens morts de tous les âges, à toutes les églises chrétiennes dans le monde, des chrétiens sur terre qui luttent contre le mal et les chrétiens qui sont morts et qui sont en présence de Dieu.*

4. *Elle est apostolique et confessionnelle car elle est bâtie sur le fondement des apôtres et des prophètes (Éphésiens 2:20) enregistrés dans les Saintes Écritures et parce qu'elle a confessé Jésus qui est le Christ comme son Seigneur et Sauveur (Romains 10:10).*

L'œuvre Ministérielle de l'Église Chrétienne

Dans cette section, nous étudierons quel est le ministère de l'église.

Puisque le Saint-Esprit accorde des dons différents à tous les chrétiens pour mener à bien la mission de l'église - à la fois dans le Corps du Christ pour l'édifier, ainsi qu'en dehors de celui-ci pour atteindre les perdus, il existe une variété de domaines de service.

L'église reconnaît les appels spéciaux que Dieu fait à certaines personnes (des hommes et femmes sans distinction d'âge, de nationalité, de culture, de sexe ou de race) consacrer tout leur temps, que ce soit à s'occuper de l'église et à enseigner (pasteurs), sortir de leurs cultures vers des autres cultures (missionnaires) et proclamer l'évangile dans tous les lieux (évangélistes), entre autres. Un autre aspect du ministère de l'église chrétienne, c'est le fait de jouir ensemble de l'adoration de notre Dieu et du moyen de grâce. Aussi, l'Église du Nazaréen met un intérêt particulier et encourage tous ceux qui souhaitent servir Dieu et l'église avec leurs dons, répondre à l'appel de Dieu sur leur vie.

Enfin, l'église chrétienne existe pour continuer la mission de Jésus qui est le Christ sur cette terre. Personne ne peut le détruire car son fondateur est vivant et Il le soutient. L'Église continuera d'être le bras tendu de Dieu dans ce monde dans la mesure où les chrétiens s'engagent à Jésus qui est le Christ, pleine de dévotion et prête à participer à son service.

Qu'avons-nous Appris?

Que l'Église du Nazaréen est une église chrétienne.

Que l'église chrétienne est une seule, sainte, universelle, apostolique et confessionnelle.

Que l'Église du Nazaréen continue la mission du Christ sur cette terre.

Qu'on ne peut pas vivre un christianisme en dehors de la communauté des croyants car c'est là qu'ils grandissent, s'encouragent, travaillent ensemble et expriment l'amour de Dieu dans les relations interpersonnelles.

Leçon 2 - Notre Origine

Des Activités

DES INSTRUCTIONS:

1. Écrivez une définition d'église dans vos propres mots.

2. Comment est-ce que votre église locale peut-elle être le Corps du Christ? Donnez des exemples.

3. Certains chrétiens ont du mal à s'inscrire dans une église locale et changent fréquemment d'église. Quelles sont les raisons invoquées par ces personnes pour changer d'église.

4. En groupes de 3 personnes, évaluez la validité de ces raisons. C'est-à-dire qui sont valides et qui ne le sont pas, et pourquoi?

5. Dans les mêmes groupes, dressez une liste des bénéfices ou avantages de rester dans une église pour notre vie, notre famille et notre croissance spirituelle?

6. Comment pouvons-nous aider les gens à prendre la décision de rester, de participer et s'engager dans le ministère de notre église locale?

Leçon 3

NOTRE FONDATEUR

Les Objectifs

- Connaître l'histoire du fondateur de l'Église du Nazaréen.
- Apprendre de ses expériences, défis et convictions.

Les Idées Principales

- Phineas F. Bresee a eu une vie consacrée et dédiée au ministère.
- Bresee était une personne visionnaire et passionnée pour enseigner les autres à vivre dans la sainteté.

Vision : Est une image mentale de ce qu'on veut à l'avenir.

Introduction

En tant que Nazaréens, il est important de connaître la vie de Phineas F. Bresee afin de mieux apprécier et comprendre la vie et le leadership de notre fondateur. En le faisant, nous nous identifions à ses luttes, ses préoccupations, ses soucis, ses réalisations, ses convictions, ses joies, ses pensées, sa vision et son sens de la mission. Connaître nos racines nous aide à continuer en contribuant à la formation de l'Église du Nazaréen du présent et du futur.

Enfance, famille et éducation

Dans la section suivante, nous connaitrons l'enfance et la jeunesse du Dr. Bresee.

Phineas Franklin Bresee, est né le 31 décembre 1838 dans le village de Franklin, dans l'état de New York, à l'est des États-Unis où il a fait ses études primaires et secondaires. Phineas était le deuxième des trois enfants de la famille.

Ses parents étaient Phineas Phillip Bresee, fermier et marchand, et Susana Brown de Bresee. Ses ancêtres avaient fui la France pour États-Unis pour échapper aux persécutions religieuses. Sa famille s'était d'abord réunie avec l'Église réformée néerlandaise, et après avoir rencontré les enseignements du méthodisme, ils sont restés dans cette église.

Après un certain temps, la famille a déménagé dans l'état de l'Iowa (centre-ville des États-Unis). Des années plus tard, lorsque Phineas s'est marié, il a décidé de vivre à ses parents avec sa famille de sept enfants (quatre garçons et trois femmes).

Personnalité et caractère

Ensuite, nous allons connaître la façon d'être du Rév. Bresee.

Phineas F. Bresee a accepté le Seigneur Jésus qui est le Christ comme son Sauveur personnel lorsqu'il avait 16 ans (février 1854) à un autel méthodiste et l'année suivante, il fut appelé au ministère.

Bresee était un jeune homme qui a relevé des défis, il a fait face à l'opposition et travaillé dur pour surmonter les obstacles, car il croyait sincèrement que Dieu était avec lui pour l'aider à faire prospérer son travail.

Bresee était sensible aux besoins des autres, opposé à la marginalisation sociale et a participé à des campagnes contre l'alcool. Il a visité les nécessiteux et les malades et leur a apporté de l'argent et de la nourriture. Il avait une passion pour l'évangélisation des pauvres et l'extension du ministère de la sainteté biblique pour tous.

Mais surtout, Bresee était un jeune homme visionnaire. Chaque église qui était un centre de réveil où prêchait clairement le message de l'évangile et la doctrine de la sainteté, la même qui fortement soutenu par leurs actes.

Ministère dans l'Iowa

Maintenant, nous connaitrons ses premiers pas dans le ministère.

L'Église méthodiste a nommé Phineas Bresee comme pasteur adjoint du Révérend A.C. Barnhart pendant un an. Un an plus tard, en 1858, Bresee était assigné à la juridiction de Pella, Iowa et donné un groupe d'églises à pâturage dans toute cette zone.

En 1859, Bresee a obtenu une licence de pasteur à plein temps. Au 1860, à 22 ans, il est ordonné prêtre et retourne à New York pour s'épouser avec sa petite amie Mary Hebbard. Elle était la fille d'Horacio Hebbard, un leader méthodiste de longue date, dont la famille vivait près de la maison où Bresee a grandi.

Durant ces années, l'esclavage des noirs était en vigueur et comme Bresee n'était pas d'accord avec cela, elle a demandé le transfert de Pella à une autre juridiction. Ainsi, il a été affecté à Galesburg, Iowa, qui d'ailleurs était une zone assez difficile. Bien que Bresee ait été frustré et amer avec le lieu de cela, il l'a pris comme un défi à son ministère et a demandé des conseils et de l'aide à Dieu.

Après un an, Bresee a reçu 140 nouveaux membres. Avec les revenus qu'ils ont reçus, l'église a acheté une maison confortable pastorale, deux chevaux et une voiture pour son pasteur. Son ministère donnait beaucoup de fruits. Ses dirigeants voyant cela, l'ont désigné comme pasteur de l'Église de l'université méthodiste "Matthew Simpson" dans la capitale de l'Iowa appelé Des Moines, et a été mis au défi en le chargeant de concevoir et d'exécuter un plan pour sauver l'université de la ruine financière, ce qu'il a fait plus tard de beaucoup de travail et de sacrifices.

Dès lors, Bresee a continué à se développer en tant que leader : Il a acquis beaucoup d'expérience en administration; il s'est directement impliqué dans les problèmes sociaux de sa communauté; il a participé au mouvement de la sainteté; il a démontré des qualités, des dons et des talents extraordinaires qu'il a utilisés pour prêcher, enseigner et promouvoir la doctrine de la sainteté.

A 28 ans, Bresee a vécu dans sa vie spirituelle l'expérience de l'entière sanctification, après un temps de recherche de réponses à ses questions et ses doutes sur la foi chrétienne et comment il doit la vivre. Cet évènement a eu lieu dans l'une des réunions de prière de son église locale où il était pasteur à Chariton, Iowa. Carl Bangs écrit : "Une nuit d'hiver très neigeux, après avoir prêché un message évangélique fort qui ne semblait persuader personne d'autre,

Leçon 3 - Notre Fondateur

Réveil: Temps de l'éveil spirituel que le Saint-Esprit apporte à l'église. Il se caractérise par un désir profond aux croyants de vivre des vies saintes et se consacrent à l'évangélisation, l'enseignement et ministères de service, résultant en de nombreux des gens repentants et donner leur vie au Seigneur.

Doctrine: Il s'applique à l'ensemble des croyances du christianisme (Actes 2:42)

Doctrine de la sainteté: C'est l'étude des enseignements bibliques concernant la pureté de cœur forgée par l'Esprit Saint, résultant en une vie consacrée d'amour pour Dieu et le prochain de tout cœur (1 Thessaloniciens 4:3-7).

L'entière sanctification: La grâce reçue de Dieu quand le croyant reçoit par la foi le remplissage du Saint-Esprit, qui lui permet de vivre une vie de pureté. La volonté de Dieu est que tous ses enfants soient entièrement sanctifiés ou "saints". Le Saint-Esprit remplit le chrétien quand il comprend que le besoin de céder le contrôle de toute sa vie à la seigneurie du Christ, et renonce à vivre concentré sur sa propre volonté. Il faut le distinguer de la sanctification initiale qui se produit quand la personne accepte le Christ comme son Sauveur personnel (2 Thessaloniciens 2:13). C'est la doctrine distinctive des églises arminien-wesleyennes.

> *Le thème de la sainteté était central au ministère de Bresee.*

Bresee était le seul à s'agenouiller devant l'autel. Là, devant sa congrégation, Bresee pria et reçut la bénédiction, qu'il a appelé plus tard son "baptême du Saint-Esprit", bien qu'il ait admis longtemps après qu'il n'avait pas pleinement réalisé ce qu'il avait reçu, mais ce dont il était sûr, c'est que l'expérience qu'il cherchait pour satisfaire son besoin, il l'avait obtenu cette nuit-là.

Ministère en Californie

Dans la section suivante, nous étudierons son ministère en Californie.

En 1883, Bresee a déménagé avec sa grande famille en Californie du Sud. Le premier dimanche après son arrivée, le pasteur E.S. Chase a demandé à Bresee de prêcher dans son église, qui était la première église épiscopale méthodiste de la rue Fort. C'était l'église centrale, considérée comme la plus grande, forte, ancienne et mère de toutes les autres congrégations méthodistes de Californie.

Phineas Bresee avait 45 ans lorsqu'il a été présenté à un nouveau groupe du clergé méthodiste de Californie, lors de la réunion annuelle de la Conférence qui a eu lieu la semaine suivante après son arrivée. Ils ont été délégués diverses responsabilités, en plus d'être nommé curé de la Première Église méthodiste, ce qui l'a surpris.

La population de la ville de Los Angeles augmentait rapidement, à l'origine de nombreux défis d'urbanisation (pauvreté, alcoolisme, toxicomanie, désespoir). Les immigrants du Japon et de la Chine arrivaient en tant que main de travail bon marché, ajoutant à la population des Latinos et des Américains. Ces changements dans la ville et la diversité ethnique croissante de la population ont été considérés par Bresee comme des opportunités pour l'église.

Après avoir exercé trois ans de pastorat à First Church of Fort Street, Bresee a été affecté au pasteur de la première église épiscopale méthodiste de Pasadena, où il est resté quatre ans. Cela a commencé par une campagne d'évangélisation et des réunions de rue avec les ouvriers du bâtiment. Les gens se sont convertis et l'église a grandi. En juin 1884, l'Université Centenaire Simpson de l'Iowa a décerné à Phineas Bresee le titre honorifique de docteur en divinités.

Le thème de la sainteté était au centre du ministère de Bresee dans la première église méthodiste de Fort Street, mais cela devenait de plus en plus important à chaque fois dans son ministère à Pasadena. Son objectif était "faire un flambeau qui atteindrait le ciel" et faire du lieu un centre pour l'évangélisation et l'enseignement de la sainteté au sein du méthodisme de Californie. À partir de 1890, Bresee a fait de la doctrine de la sainteté le but suprême de toute sa prédication, donc il a mené des campagnes de réveil de la sainteté, il a organisé des réunions et des autres activités pour promouvoir la doctrine, non seulement en Californie, mais c'était même jusqu'à Springfield, Illinois.

Cependant, Bresee a commencé à faire face à l'opposition pour la promotion de l'enseignement et la prédication de la sainteté, et pour s'être opposé à la vente d'alcool.

Cela a fait Bresee décidé de ne pas retourner entant que pasteur de l'église Pasadena. Puis il a accepté l'invitation de l'Église épiscopale méthodiste d'Asbury pour être son pasteur. Là, il a servi pendant un an (1890-1891). Immédiatement, Bresee a organisé des services de réveil de la sainteté avec des évangélistes très connus dans le terme de la sainteté de cette époque. Beaucoup se sont convertis et beaucoup des autres ont été sanctifiés sous la prédication de ces serviteurs de Dieu.

Bresee a continué à s'identifier davantage avec le mouvement de la sainteté et ont assisté à des camps-meetings dans des différentes parties du pays. En réunion des conférences de district, il a été désigné comme prêtre qui présiderait les réunions du district de Los Angeles qui comptait 38 églises. Il a été élu ministre délégué à la Conférence générale et membre des différents comités. Cela signifiait qu'il ne pouvait pas continuer comme pasteur de l'Église d'Asbury.

En 1892, Bresee fut nommé pasteur du Tabernacle Méthodiste Épiscopal Simpson à Los Angeles. Cette église avait un immense et joli bâtiment, mais elle avait des dettes. La mauvaise situation financière de l'église était reflet de la situation économique que traversait le pays lorsqu'il est tombé en une crise économique profonde. Après de nombreux efforts pour sauver l'église, Bresee a recommandé de la fermer. Finalement, le bâtiment a été vendu pour payer la dette.

En 1893, Bresee fut nommé pasteur de l'Église méthodiste Episcopale de Boyle Heights sur le côté est de Los Angeles. Là, il a commencé une série de campagnes et des activités d'évangélisation et de sainteté pour les gens à Christ et pour que plus de chrétiens soient sanctifiés.

Les débuts de l'Église du Nazaréen

Dans cette section, nous découvrirons les événements qui ont donné lieu à notre dénomination.

Dans les premiers mois de 1894, Théodore P. Ferguson (un évangéliste itinérant) et son épouse Manie Payne de Mission Newton (mission sainte indépendante, ancien méthodiste) de saint François, a demandé de l'aide de Phineas Bresee pour planifier et lancer une mission de sauvetage de type interconfessionnel. Ils ont de l'argent pour en acheter une propriété au centre-ville de Los Angeles et démarrer le programme. Au début, Bresee n'était pas intéressé mais a ensuite accepté de les aider à réaliser ce projet.

La Mission Péniel était un lieu de rencontre pour les laïcs du mouvement de sainteté de toutes les parties de l'Amérique et des pauvres de la ville. Ceux qui supervisaient les travaux étaient les Ferguson, Bresee et George B. Studd. Bresee a accepté d'être le pasteur, de prêcher le dimanche matin et d'éditer le Bulletin El Heraldo de Péniel. J. P. Widney, un ami de Bresee, a accepté de prêcher les dimanches soirs et aider aux consultations médicales pour les plus dépouillés.

Lors de la réunion annuelle de la Conférence méthodiste, Bresee a demandé son chef de district, demandez à l'évêque la permission de lui

Héritage: Nous sommes héritiers d'un héritage extraordinaire de la vie de Phineas F. Bresee, de ceux des premiers fondateurs nazaréens et de l'histoire de notre dénomination. Cet héritage est décrit en plusieurs numéros de livres qui décrivent les vies de ces pionniers, ses ministères, ses défis et luttes, ses positions sur des différents aspects théologiques et ses pensées et philosophies sur le ministère. Cet héritage contient aussi ses écrits et prédications qui sont d'inspiration et nourrissent l'identité des nazaréens d'aujourd'hui.

Laïque: *Tous les croyants, membres d'une église locale, excluant des ministres (licenciés ou ordonnes).*

accorder une affectation régulière de curé de la Mission Péniel. Cette mission n'était pas un ministère de l'église méthodiste, la demande de Bresee a donc été refusée. A défaut de le faire, Bresee a demandé le statut de "licence", mais qui ne s'appliquait pas au type de situation qu'il souhaitait selon la politique de l'église méthodiste. Se trouvant entre cela, il ne pouvait pas s'occuper de son église ou assister aux travaux qu'il avait accepté d'aider sans aller à l'encontre de la dénomination, il a commencé à prier pour prendre une décision.

Bresee s'était senti accablé de travailler avec les pauvres et il était convaincu que Dieu l'avait appelé à cette œuvre, il demanda et reçut de l'Église méthodiste un statut spécial de prêtre ou de prédicateur local. Cela lui a permis de se libérer de sa responsabilité de pasteur d'une église et se consacrer au travail missionnaire aux côtés de Widney et des fondateurs de la mission, Théodore P. et sa femme Manie Ferguson. En mai 1895, des conflits éclatent entre les organisateurs de la Mission Péniel et Bresee, en raison de sa façon différente de voir les choses et de son insistance doctrinale sur la différence de sainteté entre eux. Alors, profitant de cela, Bresee prêchait aux réunions du camp de l'Association de la sainteté hors de la ville et Widney était parti étudier pendant un an sur la côte l'est, les organisateurs les ont informés tous les deux qu'ils terminaient leur relation avec la mission.

Ainsi les laïcs méthodistes qui avaient suivi Bresee à la Mission Péniel, a pris l'initiative de louer un petit local et a demandé à Bresee et à Widney d'être les chefs de file de ce nouveau travail. Bresee avec 58 ans était le pasteur de ce groupe qui a commencé à se réunir dans une grande salle appelée "Red Men´s Hall "le 6 octobre 1895. Bresee et Widney étaient tous deux disposés à organiser une nouvelle église où les riches et les pauvres étaient les bienvenus, et où les gens qui n'appartenaient pas à une église étaient autorisés à faire partie d'une mission qui était considérée comme un foyer spirituel.

Bresee a été rejointe par ses amis avec leurs familles, les dirigeants méthodistes et autres. Le groupe est passé de quatre-vingts à plus de cent personnes. Il a été annoncé que le

Dimanche 20 octobre, l'église serait formellement organisée sous le nom d'Église du Nazaréen. Widney a choisi le surnom "le Nazaréen", un nom qui symbolisait l'œuvre que Jésus qui est le Christ accomplissait parmi les pauvres. Les contemporains du Christ l'ont utilisé dans un sens péjoratif, puisque Nazareth était une ville de mauvaise réputation. Widney a prêché son message basé sur l'Évangile de Matthieu 4:19 où Jésus invite Pierre à le suivre et à vivre une durée de vie. Il a en outre expliqué que cette nouvelle église était orientée vers atteindre les pauvres pour le Christ.

L'organisation a commencé avec l'enregistrement des membres, et à la fin du service, les gens ont été invités à promettre à Dieu et à chacun leur fidélité dans l'établissement et le développement de l'église, sachant que son but était de prêcher la sainteté et apporter le message du salut aux pauvres.

Le mercredi 30 octobre, les dirigeants de la nouvelle église se sont réunis pour compléter l'organisation, c'est-à-dire définir l'Église du Nazaréen, adopter des articles de foi (7) qui les uniraient à leurs racines méthodistes et anglicans, établir des politiques, élire des officiers et l'incorporer en vertu des

---

Expérience ministérielle de Bresee
Évangéliste, prédicateur, pasteur, surintendant de district, rédacteur, directeur, délégué, missionnaire au foyer, président de l'université, homme d'affaires, réalisateur des constructions, organisateur, administrateur et surintendant général. Toutes ces expériences et responsabilités ont aidé à Bresee dans le développement de son caractère spirituel, ses dons, talents et capacités, et surtout de son leadership et ministère; que plus tard mènerait une dénomination.

lois de l'état de Californie. Définir également une structure organisationnelle, qui était similaire à celle des églises méthodistes avec quelques variations (organismes pastoraux, intendants, conseil local, directeur d'école du Dimanche, assemblées de district, diacres, prêtres, surintendants pasteurs, présidents officiels du conseil local, des règlements pour l'adhésion, etc.). Ce qui est différent dans le méthodisme à l'époque, c'est que la nouvelle dénomination a donné des droits égaux aux hommes et aux femmes pour servir dans n'importe quel poste dans l'église, y compris le presbytère.

Bresee et Widney ont été nommés pasteurs de la première congrégation et les surintendants généraux de la dénomination pour superviser et diriger l'œuvre. La jeune église enthousiaste et grandissante a continué à ajouter des membres à chaque fois, de sorte qu'il a atteint 300 personnes et huit ans plus tard atteint 1 500 personnes. De plus, il a produit un bon nombre d'églises filles dans différents endroits en Californie et en dehors de cet état également.

Bresee a continué en tant que pasteur à temps plein, mais il était également un éditeur d'un bulletin paroissial et président d'une université. Lors de la célébration de la première assemblée générale à Chicago, Illinois, l'Église du Nazaréen, elle comptait alors cinquante congrégations. En ce point, les unions ont commencé à se cristalliser avec les groupes de sainteté qui existaient à l'est et au sud du pays sous la dénomination nazaréenne.

Bresee a été surintendant général de l'Église du Nazaréen jusqu'à sa mort le 13 novembre 1915, à l'âge de 77 ans. Cette année-là, la quatrième assemblée générale se tenait à Kansas City et les dirigeants ont profité de cette occasion pour rendre hommage de la vie à leur dirigeant fondateur lors d'une cérémonie spéciale où les autres étaient présents fondateurs ainsi que les délégués.

Les influences clés dans la vie de Bresee
- Les prédicateurs itinérants de New York.
- Les sociétés méthodistes à West Davenport où il a grandi dans le discipulat. L'Évêque Mateo Simpson était l'un de ses héros dans le ministère.
- Les laïcs de la Première Église Méthodiste de Fort Street, Los Angeles, qui a professé la sainteté. Leslie F. Gay chez qui les cultes de sainteté ont été célébrés.
- Les grands évangélistes de sainteté de son temps: RW Farmsworth, William McDonald, George D. Watson, T.E. Robinson, A.J. Bell and J.A. Wood.

Qu'avons-nous Appris?

Phineas F. Bresee était une personne simple, passionnée, sensible, persévérant, engagé et visionnaire.

Bresee était un leader charismatique et spirituel avec une profonde conviction.

Bresee a reçu des influences précieuses dans sa vie pour sa croissance spirituelle, son ministère et son leadership.

Des Activités

DES INSTRUCTIONS:

1. Qu'est-ce qui vous a le plus marqué dans la vie de Phineas F. Bresee?
   _____
   _____
   _____

2. Faites une photo avec des informations sur la vie de Phineas F. Bresse en cherchant sur Internet et/ou des magazines de la dénomination pour l'affichage dans votre église locale.
   _____
   _____
   _____
   _____

3. Quelle est votre opinion sur la lutte de Bresee contre la pauvreté, l'alcoolisme et l'esclavage ? Quels seraient les problèmes auxquels l'église devrait faire face aujourd'hui dans votre communauté?
   _____
   _____
   _____

4. Quelle est votre réflexion sur la passion de Bresee pour la prédication et l'enseignement de la doctrine de la sainteté ?
   _____
   _____
   _____

5. Pensez-vous que l'église contemporaine a besoin d'un leadership avec la même passion que Bresee avait? Pourquoi?
   _____
   _____
   _____

6. En analysant les influences sur la vie de Bresse, comment former à notre époque des leaders qui sont passionnés d'enseigner aux autres à vivre dans la sainteté?
   _____
   _____
   _____

Leçon 4

Notre Histoire

Les Objectifs

- Retracer les origines de la dénomination.
- Mettre en évidence les aspects forts de l'histoire.
- Évaluer les caractéristiques et les contributions de leurs fondateurs.

Les Idées Principales

- L'Église du Nazaréen a été renforcée en rassemblant de nombreuses saintes églises de l'est et du sud des États-Unis.
- La croissance rapide était due au fait que ses membres vivaient et enseigné la doctrine de la sainteté, influençant radicalement sa communauté et sa nation.

Dénomination:
C'est un groupe d'églises locales dans de nombreux lieux qui partagent des croyances similaires, racines historiques, les buts et valeurs.

Introduction

L'histoire de l'Église du Nazaréen est l'une des composantes de notre identité qui unit tous les Nazaréens du monde, parce que c'est une histoire passionnante de l'œuvre de Dieu dans la vie d'une nation, dans le cœur des dirigeants et des premiers Nazaréens de la dénomination.

La lignée nazaréenne traverse la Réforme anglaise et la propagation internationale du Méthodisme et du mouvement Wesleyen de sainteté aux Etats-Unis d'Amérique. L'Église du Nazaréen a émergé comme une union de plusieurs dénominations Wesleyenne de Sainteté aux États-Unis principalement. Puis des autres groupes de sainteté de plusieurs pays du monde ont rejoint la dénomination au fil des ans.

Quels sont les fondements historiques de l'Église du Nazaréen?

Dans cette section, nous étudierons les racines de notre église.

Dans la section *Déclaration Historique* du Manuel de l'Église du Nazaréen affirme que l'église se considère comme partie intégrante de l'église universelle.

L'histoire de l'église du Nazaréen commence avec l'histoire de la ville de Dieu enregistrée dans l'Ancien et le Nouveau Testament et continue à travers les siècles dans l'histoire des croyants chrétiens partout dans le monde.

L'Église du Nazaréen accepte les grands crédos œcuméniques des cinq premiers siècles de l'histoire chrétienne comme expressions de la foi et comme quelque chose de fondamental de son identité.

L'Église du Nazaréen croit qu'elle a une mission spéciale que Dieu l'a donné.

L'Église du Nazaréen est une Église protestante dans le sens où elle accepte les principes de la Réforme du XVIe siècle.

L'église du Nazaréen a son héritage dans le réveil wesleyen du siècle XVII en Angleterre dirigé par John et Charles Wesley dont l'accent centrale était la doctrine de la perfection chrétienne.

L'Église du Nazaréen est une église de sainteté parce qu'elle a grandi et est sortie du mouvement de la sainteté du 19e siècle aux États-Unis à travers de l'union de plusieurs groupes de sainteté indépendants.

Quelles étaient les origines de l'Église du Nazaréen?

Ensuite, nous étudierons comment a commencé la dénomination.

Le fondateur de l'église était le révérend Phineas F. Bresee, un ministre Méthodiste qui a été pasteur, évangéliste et surintendant de district de l'Église épiscopale méthodiste pendant 37 ans. Un leader admirable, des convictions profondes qui étaient évident dans son travail ministériel, qu'il croyait et promouvait la doctrine biblique de l'entière sanctification. Cependant, il a reçu l'opposition à la proclamation du message de la sainteté et au ministère qu'il développait toujours avec ses propres collègues.

Bresee avec le Dr Joseph P. Widney, médecin et laïc méthodiste, remarquant que l'église a grandi rapidement avec l'aide de bons dirigeants et amis - après avoir été en mission de sauvetage pendant quelques années pour les pauvres, les immigrés, les ouvriers d'usine et de construction du centre-ville de Péniel, Los Angeles, Californie, USA-, ils ont décidé de l'organiser. Ainsi, l'Église du Nazaréen a été organisée en octobre de 1895 avec plus de 100 personnes. Ils ont adopté une déclaration de foi et accepté quelques règles simples pour vous guider pour la pratique de la vie chrétienne.

"...vint demeurer dans une ville appelée Nazareth, afin que s'accomplît ce qui avait été annoncé par les prophètes: 'Il sera appelé Nazaréen'."
Matthieu 2:23 *(VLS 1910)*

Au cours des années suivantes, la congrégation locale non seulement a grandi encore plus, elle s'est également étendue géographiquement. L'église a ouvert des travaux à lieux voisins et même dans des autres états voisins. Très vite, ils n'étaient pas seulement en Californie et ses environs, mais ils arrivaient jusqu'en Illinois. L'œuvre de la sainteté se répandait dans des lieux stratégiques du pays devenir des centres du réveil pour la nation.

Au fil des ans, l'église a prospéré et de nombreux prédicateurs ont émergé et les évangélistes de la sainteté qui, avec Bresee, ont voyagé à travers le pays enseigner, prêcher et promouvoir la doctrine de la sainteté. La devise de l'église était "Sainteté à l'Eternel".

"Nous avons trouvé cet homme, qui est une peste, qui excite des divisions parmi tous les Juifs du monde, qui est chef de la secte des Nazaréens."
Actes 24:5 *(VLS 1910)*

Pourquoi s'appelait-elle l'Église du Nazaréen?

Dans cette section, nous apprendrons au sujet de la dénomination.

C'était le Dr Widney qui a suggéré le nom de l'Église du Nazaréen pour la nouvelle dénomination parce qu'ils voulaient s'identifier au ministère de Jésus qui est le Christ et symbolisent ainsi le travail qu'ils avaient accompli avec les pauvres.

Le Dr Widney s'est appuyé sur le passage de Matthieu 2:23 où il est dit que Jésus est allé vivre à Nazareth, de sorte que ce que les prophètes avaient dit qu'il serait appelé "le Nazaréen". Déjà dans le livre des Actes 24 : 5, il est mentionné que les disciples de Jésus, le Christ étaient appelés Nazaréens ou ils faisaient partie de la secte des Nazaréens.

Qu'est-ce qui a distingué l'Église du Nazaréen à ses débuts?

Ensuite, nous étudierons 10 caractéristiques des premiers nazaréens.

L'Église du Nazaréen s'est distinguée et d'autres groupes de sainteté pour ce qui suit:

Comment ont-ils enseigné et prêché la sainteté aux premiers Nazaréens?

1. *Les femmes et les hommes ont travaillé ensemble dans le ministère de l'église, ils ont servi dans tous les domaines et postes ministériels sans aucune discrimination.*

2. *Il y avait un engagement et une sensibilité aux besoins des pauvres et des marginalisés.*

3. *Les membres envisageaient un ministère large, varié et diversifié et international. Ils n'étaient pas limités à un seul domaine de ministère, ni leur travail, elle se limitait à l'église locale, à la communauté urbaine ou à la campagne seulement.*

4. *Mettre l'accent sur l'éducation en tant qu'élément important et clé d'une église Wesleyenne et Sainteté. Il a promu l'enseignement avec des valeurs chrétiennes a des enfants, des jeunes et des adultes et la formation et la préparation d'eux-mêmes dans des carrières professionnelles et théologiques.*

5. *Son cœur et sa raison d'être étaient la doctrine de l'entière sanctification. C'était sa motivation dans sa mission.*

6. *Il y avait une conversion continuelle des pécheurs et la sanctification des croyants. L'œuvre du salut était achevée.*

7. *C'était une église composée de gens de prière qui continuellement ont intercédé l'un pour l'autre.*

8. *C'était une église qui montrait de la joie dans son adoration et la louange au Seigneur.*

9. *Ils avaient la conviction et l'assurance de leur expérience de la sainteté.*

10. *Ils enseignaient et prêchaient la sainteté continuellement et de beaucoup de manières créatives.*

Ces caractéristiques attiraient de plus en plus de personnes, notamment aux membres des autres dénominations. L'église se développait rapidement

Surintendant général
L'Église du Nazaréen a un surintendant général pour chacune des régions du monde où géographiquement divisé avec des fins administratives. Ceux-ci sont élus en assemblée générale qui est effectuée chaque quatre an avec des délégués de toutes les régions. Les surintendants généraux ont la responsabilité de surveiller pour l'unité de l'Église et la permanence de celle-ci dans la doctrine biblique. Ils assistent aux affaires administratives de leur juridiction, diriger les assemblées du district et accorder des arrêtés ministériels aux ministres et aux diacres.

et cela était dû à plusieurs facteurs qui sont cités ci-dessous: Elle a contribué au réveil spirituel du christianisme, mettant l'accent sur l'enseignement et l'expérience de la doctrine biblique de la sanctification, les membres ont témoigné une vie sainte et ils ont radicalement influencé leur communauté et la nation. Sa renommée s'est tellement répandue que l'Église du Nazaréen a été incluse dans la liste des lieux touristiques à visiter à Los Angeles. Ces facteurs dans cette époque restent donc un défi pour l'église aujourd'hui.

Comment l'union des groupes de sainteté avec l'Église du Nazaréen a-t-elle surgit?

Dans cette section, nous étudierons la fusion qui fut l'origine de la dénomination.

Dans diverses régions des États-Unis il s'était développé des églises de sainteté indépendante, des missions urbaines, des missions de sauvetage, des associations missionnaires et des associations évangéliques. C'était courant pour les églises qui se sont réunies pour se renforcer mutuellement. De nombreuses églises indépendantes ont adhéré et formé des associations portant le même nom. Donc, à l'est du pays, il y avait l'Association centrale de Sainteté évangélique, l'Association des Églises pentecôtistes de l'Amérique du Nord et trois églises de sainteté indépendantes. Du côté sud du pays, étaient l'Église chrétienne de la sainteté et l'Association laïc méthodiste. A l'ouest du pays se trouvait l'église du Nazaréen et la première mission pentecôtiste.

Après une série de visites, d'entretiens, de rencontres et de correspondance pour revoir les croyances, les formes de gouvernement, discuter des problèmes de leadership et ministères, de la mission et vision, biens et propriétés, et autres, ces groupes décidèrent de fusionner en un seul grand corps de sainteté.

Dans la semaine du 10 au 18 octobre 1907, l'Association des Églises pentecôtistes de l'Amérique du Nord s'est jointe à l'Église du Nazaréen, elle a choisi deux surintendants généraux (Bresee et Reynolds), un de chaque groupe et ils partageaient un nom : Église pentecôtiste du Nazaréen.

L'année suivante, en septembre, une église de la sainteté rejoint la nouvelle dénomination, et le mois suivant, le 8 octobre 1908, les groupes de l'est, l'ouest et maintenant le groupe du Sud fusionnent à Pilot Point, au Texas. Plus tard, dans l'Assemblée générale de 1923, l'année 1908 est choisie comme date officielle pour célébrer l'anniversaire de l'Église unie.

En 1915, des autres groupes de sainteté des États-Unis et de L'Ecosse retrouvent la dénomination.

L'Assemblée générale de 1919, en réponse à la demande des assemblées de trente-cinq districts, elle a supprimé le mot "pentecôtiste" de nom de la dénomination et le nom original de l'Église du Nazaréen, parce qu'elle

Les Surintendants Généraux de l'Église du Nazaréen
- Phineas F. Bresee (1895-1915)
- Hiram F. Reynolds (1907-1932)
- E.P. Ellyson (1980-1911)
- E.F. Walker (1911-1918)
- W.C. Wilson (1915)
- J.W. Goodwin (1916-1940)
- R.T. William (1916-1946)
- J.B.Chapman (1928-1947)
- J.G. Morrison (1936-1939)
- H.V. Miller (1940-1948)
- Orval J. Nease (1940-1944)
- Hardy C. Powers (1944-1968)
- G.B. Williamson (1946-1968)
- Samuel Young (1948-1972)
- D.I. Vanderpool (1949-1964)
- Hugh C. Benner (1952-1968)
- V.H. Lewis (1960-1985)
- George Coulter (1964-1980)
- Edward G. Lawlor (1968-1976)
- Eugene L. Stowe (1968-1993)
- Orville W. Jenkins (1968-1985)
- Charles H. Strickland (1972-1988)
- William M. Greathouse (1976-1989)
- Jerald D. Johnson (1980-1997)
- John A. Knight (1985-2001)
- Raymond W. Hurn (1985-1993)
- William J. Prince (1989-2001)
- Donald D. Owens (1989-1997)
- James H. Diehl (1993-2009
- Paul G. Cunningham (1993-2009)
- Jerry D. Porter (1997-2017)
- Jim L. Bond (1997-2005)
- W. Talmadge Johnson (2001-2005)
- Jesse C. Middendorf (2001-2013)
- Nina G. Gunter (2005-2009)
- J.K. Warrick (2005-2017)
- Eugenio Duarte (2009)
- David W. Graves (2009)
- Stanley A. Toler (2009-2013)
- David A. Busic (2013)
- Gustavo A. Crocker (2013)
- Filimão M Chambo (2017)
- Carla Sunberg (2017)

Des dirigeants exceptionnels:

- George Sharpe, pionnier du mouvement de l'église de sainteté en Bretagne, surtout en Ecosse et qui a rejoint plus tard la dénomination, il a contribué avec son ministère fructueux de la prédication de la sainteté.
- James O. McClurkan, leader fondateur d'une association des églises de la sainteté à Tennessee qui a rejoint la dénomination, il a été caractérisé par sa grâce missionnaire et théologie pratique. Il a souligné l'éducation et les missions dans les pays de l'Étranger.
- C.B. Jernigan, pionnier et grand prédicateur de sainteté, il a aidé à organiser les groupes indépendants de la sainteté dans une association ecclésiastique dans le Sud des États-Unis qui a ensuite rejoint la dénomination.
- J.G. Morrison, leader actif dans le mouvement de la sainteté, il a organisé l'association de la sainteté des laïcs du nord-ouest des États-Unis, formé par un grand groupe des évangélistes et des ouvriers chrétiens qui ont rejoint la dénomination.
- C.W. Ruth, évangéliste de l'Association nationale de sainteté, chef de file dans l'est des États-Unis, il a proposé à l'Association des Églises pentecôtistes de l'Amérique se confondent avec la dénomination.

semait la confusion dans le peuple avec la position doctrinale de l'Église et ne voulait pas s'y identifier du pentecôtisme moderne qui mettait l'accent sur le don des langues comme preuve du baptême du Saint-Esprit.

En 1922, 1952, 1955, 1958 et 1988, divers groupes de sainteté des États-Unis, le Canada, l'Angleterre, le Nigeria et l'Afrique du Sud ont rejoint la dénomination internationale avec des églises dans les Caraïbes, en Amérique centrale, en Amérique, en Asie, Afrique et Cap Vert.

En cette période de fondation, la Maison Nazaréenne de Publications (en anglais) en 1911. L'année suivante, 1912, le Revue confessionnelle : Le Messager de la Sainteté. Aussi pendant cette œuvre missionnaire, il a été établi dans différents pays du monde, et développé plusieurs universités pour éduquer les ministres et les laïcs chrétiens.

Au cours de la période de 1915 à 1945, la société missionnaire étrangère a été formée, le conseil général est créé et le département de l'école du dimanche. Puis dans la période de 1946 à 1970, l'œuvre missionnaire étendu à d'autres nations du monde, le Séminaire théologique du Nazaréen qui a été créé en 1945, des programmes de radio ont été lancés en anglais, espagnol et des autres langues et des groupes de jeunes missionnaires ont été créés.

A partir de 1971, l'église a mis l'accent et a travaillé sur l'internationalisation de la confession, et renforcé les ministères de compassion et des autres programmes.

Dans le nouveau siècle XXI, et quelques décennies plus tôt, la dénomination a continué renouvellement et mise à jour. De nouveaux et nouveaux ministères ont émergé à tous les niveaux (local, départemental, régional, général) pour travailler avec les enfants, jeunes et adultes. De plus, de nouveaux domaines de service aux laïcs, nouvelles stratégies d'évangélisation et croissance de l'église et des programmes nouveaux et pratiques de l'éducation théologique pour préparer et former plus de ministres.

De nouveaux supports technologiques et informatiques ont également été utilisés pour la diffusion de programmes, vidéos, promotions, communications, publications de matériaux et autres. De nouveaux programmes éducatifs ont été créés pour le discipulat et la formation spirituelle des membres, ils ont été écrits et publiés de nombreux livres dans des différents domaines, ils ont augmenté des voyages missionnaires et interculturels à l'intérieur et à l'extérieur de chaque pays, ainsi que des conférences internationales pour promouvoir la doctrine de la sainteté.

L'église a toujours eu une dimension internationale depuis ses débuts, par conséquent, elle continue d'être une dénomination mondiale croissante dans le monde avec plus de 1,2 million de membres.

Les dirigeants fondateurs de la dénomination

Phineas F. Bresee, ministre, évangéliste, fondateur de la dénomination, premier surintendant général, il développa la forme de gouvernement de l'église.

Hiram F. Reynolds, ministre, deuxième surintendant général, il a contribué son identité d'église engagée dans la mission internationale.

Edgar P. Ellyson, ministre, théologien, troisième surintendant général, il a contribué dans le domaine de l'éducation de la dénomination, la préparation des dirigeants et d'école du dimanche.

Roy T. Williams, ministre, surintendant général, a fourni son expérience en tant que pasteur et évangéliste et sa connaissance en tant qu'enseignant de théologie et la Bible.

James B. Chapman, ministre, surintendant général, il a donné à l'église un riche héritage de littérature de sainteté et de prédication.

Les dénominations sœurs de l'Église du Nazaréen

Les dénominations sœurs sont celles qui, bien qu'elles maintiennent une organisation distincte de l'Église du Nazaréen, partage des doctrines similaires.

Les dénominations wesleyennes de sainteté se distinguent par leur croyance commune dans la doctrine de l'entière sanctification et qui a surgi dans la tradition wesleyenne, ils sont:

L'Église Méthodiste Libre, l'Église wesleyenne et l'Armée du Salut.

Des dénominations supplémentaires sont nées de la tradition wesleyenne, mais ils ont adopté la doctrine de l'entière sanctification comme article de foi et c'est pourquoi elles sont considérées comme des églises de sainteté. Celles-ci sont:

L'Église de Dieu (Anderson, Indiana), l'Église de la Sainteté de Dieu, l'Église de la Sainteté du Christ, l'Église Biblique Missionnaire, la Fraternité en Christ, l'Église des Amis, et l'Église de l'Alliance Chrétienne Missionnaire.

Des autres dirigeants éminents:

- William Howard Hoople, un des douze dirigeants fondateurs de la dénomination, a fondé l'église de l'avenue Utique et des autres églises de sainteté à New York.
- MaryLee Cagle, prédicateur de sainteté, dont l'ordination a ouvert la voie à de nombreuses femmes dans le mouvement de la sainteté qui ont été appelées par Dieu au ministère public. C'était une grande évangéliste, planteuse d'église et pasteur.
- Susan Fitkin, la première présidente de la Société Missionnaire et appelée la mère des missions. Promu, commencé et établi la mobilisation missionnaire dans la dénomination. Envoyé à plus de 1700 missionnaires pendant son ministère.
- Ruben (Bourgeon) Robinson, leader du sud très influent, il a évangélisé avec une grande passion à des centaines de personnes pendant son ministère.
- H.O. Wiley, pasteur, éducateur, théologien et écrivain, il a contribué par son engagement à l'éducation en tant que partie intégrale de la sainteté.

Qu'avons-nous Appris?

Que l'histoire de l'Église du Nazaréen est une histoire passionnante de l'œuvre de Dieu dans une nation et dans les cœurs des personnes.

Que l'Église du Nazaréen est le produit d'un réveil de sainteté et qui a trouvé son expression dans l'unité.

Que pour comprendre l'histoire de l'Église du Nazaréen, il faut comprendre ses fondateurs et l'évolution de la dénomination.

Des Activités

DES INSTRUCTIONS :

1. Écrivez la biographie d'un leader nazaréen, soit un fondateur de la dénomination (États-Unis) ou un fondateur de l'œuvre dans votre pays (missionnaire ou responsable national), dont la vie vous a inspiré. Alors, faites une présentation pour le groupe ou pour l'église locale ou pour l'envoyer à vos contacts via internet.

   _____
   _____
   _____
   _____
   _____
   _____
   _____
   _____
   _____
   _____
   _____
   _____
   _____
   _____
   _____
   _____

2. Enquêter avec les membres les plus âgés de votre église locale, quelques faits intéressants ou anecdotes des fondateurs et l'histoire à la place.

3. Quelle a été la chose la plus importante pour vous que vous ayez apprise dans cette leçon ?

   _____
   _____
   _____
   _____
   _____
   _____
   _____
   _____
   _____
   _____
   _____
   _____

Leçon 5

Nos Croyances

Les Objectifs

- Connaître nos croyances de base.
- Identifier les principaux aspects de notre identité théologique.
- Apprécier la doctrine de l'entière sanctification.

Les Idées Principales

- L'Église du Nazaréen partage les croyances des églises le christianisme et les principes du mouvement de la Réforme.
- La tradition théologique de l'Église du Nazaréen c'est arminien-wesleyenne.
- La sanctification est l'œuvre de Dieu pour la purification du cœur du croyant pour qu'il soit pur, plein de l'amour de Dieu.

Les doctrines fondamentales du christianisme s'expriment dans le Symbole des Apôtres:

"Je crois en Dieu, le Père Tout-Puissant, Créateur du ciel et de la terre ; et en Jésus qui est le Christ, son Fils unique, notre Seigneur; qui a été conçu du Saint-Esprit, né de la vierge Marie, a souffert sous Ponce Pilate; il a été crucifié, il est mort et enterré; le troisième jour ressuscité des morts; Il est monté au ciel et Il est assis à la droite de Dieu le Père Tout-Puissant. Et de là, la fin viendra jusqu'au bout du monde pour juger les vivants et les morts. Je crois dans le Saint-Esprit, la sainte Église universelle (catholique), la communion des saints, le pardon des péchés, la résurrection du corps et la vie éternelle". Amen.

Catholique:
Lors cela s'écrit en minuscule, signifie l'église universelle, le Corps du Christ est accepté par des Protestants et catholiques Romains.

Introduction

L'Église du Nazaréen est une église chrétienne fondée sur les principes, valeurs et normes bibliques. C'est aussi une église qui a une passion d'enseigner, de prêcher et de vivre la doctrine biblique de la sainteté. Cela fait une différence dans la façon dont nous, les Nazaréens, pensons et vivons dans le monde.

En quoi croyons-nous,-nous, les Nazaréens?

Dans cette section, nous connaitrons les croyances de bases.

Nous croyons que nous faisons partie de l'Église universelle de Jésus qui est le Christ et que nous partageons avec des autres communautés chrétiennes le même Seigneur, la même foi et le même baptême.

Nous croyons que l'Ancien et le Nouveau Testament révèlent la volonté de Dieu pour les gens concernant le péché, le salut et la nouvelle vie en Jésus qui est le Christ.

Nous croyons aux doctrines fondamentales du christianisme formulées dans les grands crédos œcuméniques des premiers siècles de l'Église chrétienne.

Nous croyons et nous affirmons que le salut est par la grâce à travers foi; que les Écritures sont l'autorité finale pour la foi et la pratique de la vie chrétienne; et nous croyons au sacerdoce de tous les croyants.

Nous croyons que les chrétiens sont justifiés et sanctifiés par la foi.

Nous croyons que la grâce sanctifiante de Jésus qui est le Christ est reçue dans la nouvelle naissance (régénération) lorsque le Saint-Esprit implante une nouvelle vie spiritualité chez le croyant et que la grâce sanctifiante augmente conforme à comment on vit en Esprit.

Nous croyons et affirmons que l'entière sanctification est une disposition de grâce pour tous les croyants où le cœur est pur de tout péché et il est rempli d'amour pour Dieu et pour son prochain.

Qu'est-ce que la déclaration de foi des Nazaréens?

Dans cette section, nous apprendrons au sujet de notre déclaration de foi.

En octobre 1895, Bresse et les dirigeants adoptent un bref crédo qui mettait l'accent sur les aspects essentiels du salut, ceux qui étaient appelés à l'origine les articles de foi. Cette déclaration de foi comme on l'appelait, on le trouve dans la partie II sur la Constitution de l'Église dans le Manuel de l'Église du Nazaréen.

Nous croyons:

1. En un seul Dieu, le Père, le Fils et le Saint-Esprit.
2. Que les Écritures de l'Ancien et du Nouveau Testament sont pleinement inspirées et elles contiennent toute la vérité nécessaire pour la foi et vie chrétienne.
3. Cet homme est né avec une nature déchue et donc il est continuellement enclin au mal.
4. Que la personne qui ne se repent pas de ses péchés est sans espoir et elle est perdue à jamais.
5. Que l'expiation de Jésus, le Christ est pour toute la race humaine et quiconque se repent et croit au Seigneur Jésus, le Christ est justifié, régénéré et sauvé de la domination du péché.
6. Que les croyants doivent être complètement sanctifiés, après la régénération par la foi au Seigneur Jésus qui est le Christ.
7. Que le Saint-Esprit témoigne au nouveau croyant dans la régénération et l'entière sanctification.
8. Que notre Seigneur reviendra, que les morts ressusciteront et que le jugement final aura lieu pour la récompense des croyants et châtiment pour ceux qui ont rejeté Jésus qui est le Christ.

Quels sont les articles de foi des Nazaréens?

Ensuite, nous étudierons les articles de foi.

La déclaration de foi originale a été reformulée et élargie, déclarant en quatorze points qu'ils appelaient "énoncée doctrinale" et qui figurait dans le manuel de l'Église pentecôtiste du Nazaréen de 1908. Des années plus tard, à différentes périodes, l'ordre a varié et des déclarations doctrinales sur la guérison divine (bien que cela était présent mais dans la section des Conseils spéciaux) et l'église ont été ajoutées. Ce sont les déclarations doctrinales établies dans les 16 articles de foi suivants:

Les principes de la Réforme Protestante:
- L'Écriture est la source d'autorité unique et suffisante pour la foi.
- Le salut est par grâce et par la foi seule.
- Le ministère de tous les croyants
- Seul Jésus, le Christ est la tête de l'église.

Expiation: Se réfère à la mort du Christ en lieu et place du pécheur, payant avec sa mort innocente le coût que la justice de Dieu a demandé d'effacer la tâche du péché de l'humanité séparée de Dieu. C'est à travers la mort du Christ que Dieu pourrait se réconcilier avec lui-même au monde et au chemin de retrouvailles avec Dieu et était ouvert à tous les êtres humains (2 Corinthiens 5:19; Hébreux 2:17).

RÉGÉNÉRATION: On l'appelle ainsi l'œuvre de restauration qui opère l'Esprit de Dieu dans la personne qui accepte le Christ comme son Sauveur personnel. Régénéré signifie avoir fait encore une fois, né de nouveau (Jean 3:3).

Justifié: Personne qui a été rendu équitable ou déclaré juste par Dieu (Romains 5:1).

Inspiration Pleine des Écritures

L'inspiration est "l'énergie active du Saint-Esprit par le moyen de laquelle les hommes choisis par Dieu ont officiellement proclamé sa volonté, comme il nous l'a révélée dans les Saintes Écritures" (Introduction à la théologie Chrétienne, Orton Wiley, p. 59). L'Église du Nazaréen croit que toute la Bible est la Parole de Dieu. Ses auteurs étaient "Inspirés" par Dieu, c'est-à-dire qui étaient dirigés par Dieu lui-même, afin de fournir à la race humaine d'assez informations pour quoi on peut vivre dans l'obéissance au Créateur. Dieu a pourvu un guide sûr pour tous ceux qui veulent vivre au quotidien la sainteté suivant le pas de Jésus qui est le Christ (Luc 14:44-47 ; 1 Corinthiens 15:3-4 ; 2 Timothée 3:15-17; 2 Pierre 1:20-21).

I. Le Dieu trinitaire
II. Jésus, le Christ
III. Le Saint-Esprit
IV. Les Saintes Écritures
V. Le péché originel et personnel
VI. L'expiation
VII. La grâce prévenante
VIII. Le sacrement
IX. Justification, Régénération et l'Adoption
X. L'entière sanctification
XI. L'église
XII. Le baptême
XIII. Le repas du Seigneur
XIV. La Guérison divine
XV. La seconde venue du Christ
XVI. La Résurrection, le Jugement et le destin

Nos articles de foi sont le reflet des 25 articles de foi du méthodisme et ceux-ci tour au tour des 39 articles de l'anglicanisme.

Quelle est la tradition théologique nazaréenne?

Dans cette section, nous apprendrons au sujet de notre héritage théologique.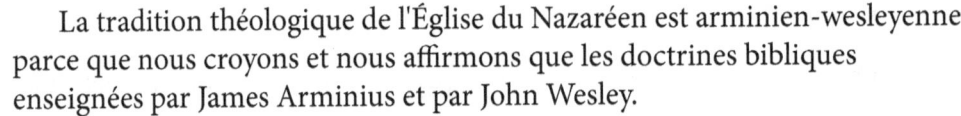

La tradition théologique de l'Église du Nazaréen est arminien-wesleyenne parce que nous croyons et nous affirmons que les doctrines bibliques enseignées par James Arminius et par John Wesley.

James Arminius (1550-1609) était un pasteur et prédicateur néerlandais de l'Église réformée, théologien, professeur et docteur en théologie. Il a écrit de nombreux documents théologiques pour la défense de la foi. Il a traité les problèmes de la prédestination, la relation entre Dieu et l'homme, l'ordre de l'église, régénération de l'homme selon le chapitre 7 de la lettre aux Romains, baptême, grâce et libre arbitre.

Arminius a enseigné la doctrine de la grâce (la grâce est gratuite pour tous), la doctrine du libre arbitre ou de la libre volonté (où l'on peut choisir de Dieu et le bien d'être sauvé ou de rejeter son offre de salut), la doctrine de la persévérance des saints (la grâce salvifique peut être perdue pour péché grave et persistant), la doctrine de la justification (le salut est conditionnelle à la foi et au repentir), la doctrine de la prédestination (Jésus est mort pour tous les êtres humains), et les doctrines du péché, la doctrine de la sanctification, la doctrine de l'église et la doctrine de sacrements.

John Wesley (1703-1791) était un pasteur anglican, évangéliste, théologien, chrétien britannique et fondateur du méthodisme. John et son frère Charles

(1707-1788) a dirigé le grand réveil en Angleterre. Wesley a écrit des milliers de livres, de brochures et de lettres diffusant sa pensée théologique.

Wesley a enseigné la doctrine des moyens de la grâce et des sacrements, la doctrine de la grâce prévenante (celle qui nous attire au salut dans cette section, nous allons en apprendre davantage sur notre héritage théologique et la doctrine du témoignage de l'Esprit, la doctrine du péché original et personnel, la doctrine des écritures, la doctrine de la perfection chrétienne, la doctrine de la création, la doctrine de l'église et du culte, la doctrine de Dieu, la doctrine du salut par la foi, la doctrine de la sécurité de la doctrine personnelle et de la fin du monde.

Qu'est-ce que les Nazaréens croient concernant l'entière sanctification?

Dans cette section, nous apprendrons notre doctrine cardinale.

Le Dr Rob Staples, l'un des théologiens de la dénomination, explique la sanctification comme le processus permanent de devenir saint tel que nous sommes appelés à être, là où la sainteté se perfectionne dans la crainte de Dieu et se déplaçant par la grâce vers notre destination. Ce destin est défini par l'image de Dieu avec laquelle les êtres humains ont été créés, mais à cause du péché, cette image a été obscurcie jusqu'à ce que nous ayons été révélées en Jésus qui est le Christ. Le Fils de Dieu incarné est l'image de Dieu invisible et nous a été envoyé comme le modèle de vie que nous devons suivre. Par conséquent, notre destin est d'être conformé et transformé à l'image de Jésus qui est le Christ, et cela est en train d'être sanctifié.

La sanctification est aussi un processus instantané et progressif avec étapes très définitives à partir de la justification (sanctification initiale), grandit progressivement (sanctification progressive) jusqu'à un autre moment le cœur est pur de tout péché et plein d'amour pour Dieu et le prochain (entière sanctification). Dieu est celui qui fait l'œuvre de "nous faire saints" en réponse à notre consécration.

Cette œuvre de grâce de sanctification s'obtient dans le temps présent dans la vie du croyant (dans un temps long ou court) et continue de croître afin qu'il continue jusqu'à ce que le croyant parte en présence de Dieu (glorification). Cette œuvre de purification est accomplie par le Saint-Esprit qui exige la foi comme condition et non les œuvres.

Que pensent les Nazaréens en ce qui concerne la perfection chrétienne?

Ensuite, nous apprendrons au sujet de l'enseignement wesleyen de la perfection.

Anglicanisme: Se réfère à l'Église d'Angleterre, qui est l'église officielle. Leurs dirigeants ministériels sont les évêques, ministres ou prêtres et diacres. Sa liturgie est basée sur le Livre de la Prière Commune. Les églises membres incluent l'Église Épiscopale Protestante.

Sanctification Initiale: Il fait référence au baptême de l'Esprit qui est reçu dans la conversion, lorsque le croyant est né à la vie spirituelle. John Wesley l'appelait comme ça à l'intérieur de sa compréhension de la doctrine de la sainteté et d'affirmer que le Saint-Esprit entre et le jeu commence au cœur de la personne qui a reçu Jésus qui est le Christ comme son personnel sauveur.

Leçon 5 - Nos Croyances

Sanctification Progressive: *Fait référence au processus de la croissance de la pureté du croyant grâce à l'œuvre interne du Saint-Esprit transférant au chrétien le caractère du Christ.*

Nous, Nazaréens, comprenons que l'Esprit nous remplit d'amour parfait, du même amour parfait de Dieu. "Être parfait" signifie aimer Dieu avec de tout cœur, et de toute l'âme et de toute la force et le prochain comme à vous-même, et d'aimer même vos ennemis.

Cet amour n'est pas conditionnel, mais tout comme l'amour de Dieu est par la grâce, c'est aussi ce qui nous permet d'aimer même ceux qui chassent ou font le mal. Les Écritures enseignent que nous devons être bons et être juste envers tout le monde (ami et ennemi). Par conséquent, être parfait fait référence à avoir une maturité de caractère et montrer de l'amour et de la compassion pour tous les autres en toute circonstance. De cette façon, nous reflétons le caractère de Dieu et notre obéissance, grandissant à l'image et à la ressemblance de Jésus qui est le Christ.

Wesley a affirmé que si un croyant maintient la perfection dans l'amour dans sa vie, cela signifie qu'on exerce le pouvoir de ne pas pécher volontairement. Ainsi, tant que les nouveaux croyants que les chrétiens mûrs, ils ont le pouvoir de ne pas transgresser volontairement les commandements de Dieu.

Dans la perfection chrétienne, l'affaire va au-delà d'avoir un pouvoir pour ne pas pécher, mais a à voir avec l'être même de la personne.

Consécration: *Action de dédier quelque chose au service de Dieu exclusivement. Peut-être, la vie d'une personne, son temps, ses biens ou autres (Romains 6:13-19, 12:1).*

Wesley dans son livre sur la perfection chrétienne montre clairement que ce qui signifie qu'un chrétien n'est pas parfait ou devrait s'attendre à être parfait. Il prétend que les croyants ne sont pas parfaits dans la connaissance, ils ne sont pas libres de commettre des erreurs des choses qui ne sont pas essentielles au salut, ne sont pas exemptes de leur limitations humaines (lentes à comprendre, des pensées incohérentes, soient confus, etc.), ils ne sont pas à l'abri des tentations, et ils n'apprécient pas la perfection statique mais dynamique.

Pour Wesley, le chrétien parfait est celui dans le cœur duquel il règne l'amour patient, doux, humble de Dieu et qui est maître de ses tempéraments, pensées, paroles et actions dans leur cœur et dans leur vie totale.

Quelles sont les différences avec les autres traditions théologiques

Dans cette section, nous aurons à apprendre les différences doctrinales des autres dénominations.

Il existe de nombreuses traditions chrétiennes qui mettent l'accent sur un aspect de la vérité ou une manière d'interpréter un enseignement de l'Écriture. Quelques des enseignements avec lesquels les Nazaréens diffèrent sont par exemple:

La doctrine inconditionnelle de l'élection ou de la prédestination n'est pas acceptée de la tradition calviniste qui affirme que dès avant la naissance Dieu a choisi chaque être humain qui soit sauvé ou perdu pour l'éternité. Peu importe si cette personne continue à pécher, elle sera sauvée parce qu'elle a été choisie ou "prédestinée" pour cela.

L'expiation limitée des fondamentalistes qui affirment que le sacrifice du Christ ne profite qu'à un nombre limité d'êtres humains.

L'accent mis sur le don des langues inconnues n'est pas non plus accepté comme preuve du remplissage du Saint-Esprit, ni l'utilisation du langage de phrase différente de leur propre langue comme preuve d'un degré plus élevé de la spiritualité, comme le prétendent certaines Églises pentecôtistes.

Quelles sont les convictions qui ont donné naissance aux Nazaréens?

Dans la dernière section, nous apprendrons les convictions qui ont donné lieu à la dénomination.

1. Les Nazaréens s'engagent à être de bons intendants de la doctrine de la foi chrétienne reçue de l'Église chrétienne.

2. Les nazaréens savent que ce qui les unit aux autres chrétiens est plus important que ce qui les différencie d'eux.

3. Les Nazaréens croient fermement que le message de l'Évangile a le pouvoir de transformer la vie de tous ceux qui le reçoivent.

4. Les Nazaréens croient que Dieu a suscité l'Église du Nazaréen avec une mission pour toute l'humanité : vivre une vie sans péché, témoigner et enseigner aux autres à vivre dans la sainteté de vie et à pratiquer une vie d'amour parfait à l'exemple de Jésus de Nazareth.

5. Les nazaréens croient que les Écritures sont la seule source d'autorité pour la foi et la pratique de la vie chrétienne.

6. Les Nazaréens apprécient, valorisent et respectent leur diversité culturelle parce qu'ils comprennent que cela enrichit l'église.

Qu'avons-nous Appris?

Que les Nazaréens enseignent, prêchent et vivent la doctrine de la sainteté en tant qu'œuvre de la purification divine de péché dans le cœur, et en réponse à la consécration, où la plénitude de l'amour de Dieu leur permet de l'aimer, d'aimer leur prochain et même ses ennemis, dans le cadre du processus de transformation et ressemblance avec Jésus qui est le Christ. Leurs croyances sont fondées sur les Écritures et dans les enseignements de John Wesley.

Leçon 5 - Nos Croyances

Des Activités

DES INSTRUCTIONS:

1. Quelle est la doctrine biblique qui a donné à l'Église du Nazaréen son identité?

2. Après avoir lu Romains 12, expliquez dans vos propres mots ce que signifie la consécration complète.

3. Quelle est votre expérience personnelle concernant la consécration, le remplissage de l'Esprit et la vie de sainteté?

4. Quelles sont les différences avec les chrétiens des autres traditions théologiques concernant la sanctification?

5. Pourquoi la tradition théologique des Nazaréens est-elle appelée arminienne-wesleyenne, en plus nommer les noms de deux théologiens importants.

6. En groupes de 3-4, donnez des exemples précis de la manière d'exprimer la sainteté dans la vie quotidienne du croyant.

7. Terminez le cours par un temps de prière pour ceux qui souhaitent être sanctifiés par le moyen de l'œuvre du Saint-Esprit.

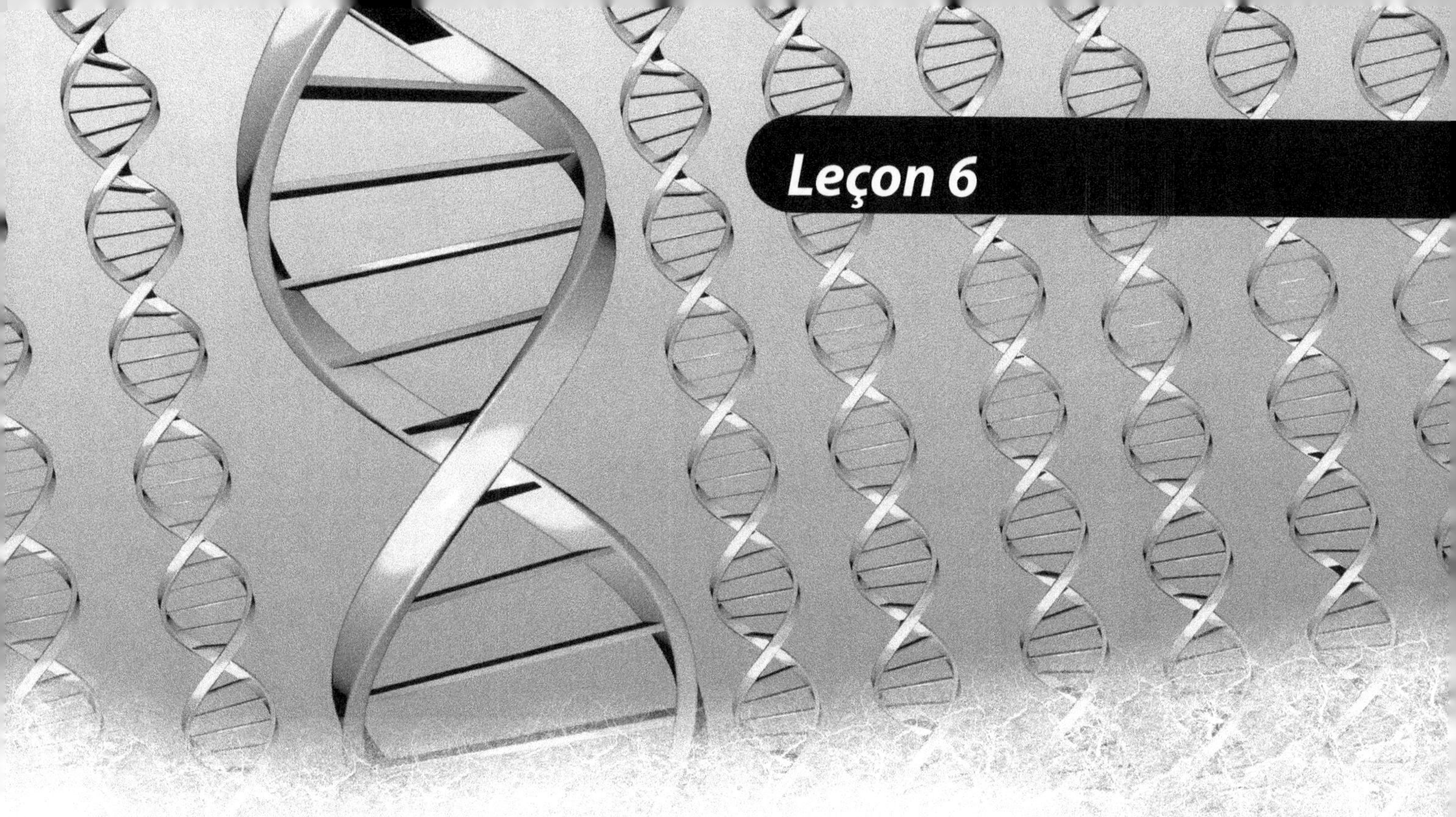

Leçon 6

Notre Organisation

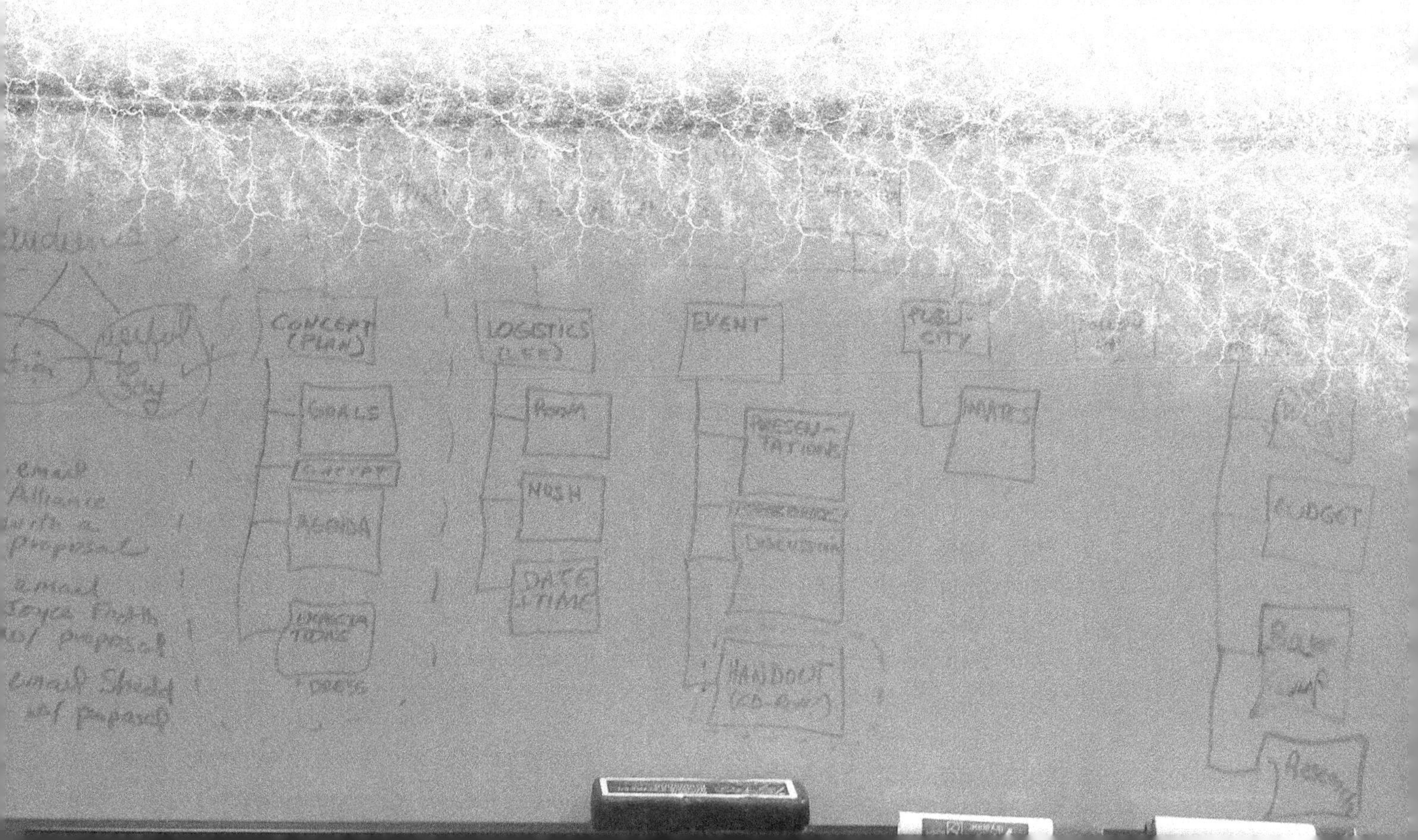

Les Objectifs

- Connaître la forme de l'organisation de la dénomination.
- Considérer comment cette organisation sert l'accomplissement de notre mission.

Les Idées Principales

- Connaître que notre forme d'organisation nous aide à évaluer notre dénomination.
- Le leadership et l'organisation sont nécessaires pour guider l'église dans l'accomplissement de sa mission dans le monde.
- Certains aspects de notre forme d'organisation sont Héritage anglican et Méthodiste.

Introduction

Dans cette leçon, on va étudier comment l'Église du Nazaréen est organisée juste pour savoir comment elle fonctionne, quelle est sa forme de gouvernement, comment elle fait choix de son leadership, comment les décisions sont prises, comment ils développent les programmes et ministères.

Le Manuel de l'Église du Nazaréen

Dans cette section, nous comprendrons pourquoi nous avons besoin du manuel.

Sur la page du préambule de la partie II "Constitution de l'Église" On donne la raison pour laquelle nous avons un Manuel :

"Pour garder notre héritage donné par Dieu, la foi autrefois donnée aux saints, en particulier les doctrines et expérience de l'entière sanctification comme deuxième œuvre de la grâce, et aussi afin que nous coopérions efficacement avec des autres branches de l'église de Jésus, le Christ en étendant le royaume de Dieu, nous les ministres et les membres laïcs de l'Église du Nazaréen, conformément avec les principes de la législation constitutionnelle établis entre nous, par le présent, nous ordonnons, adoptons et publions comme loi fondamentale ou Constitution de l'église du Nazaréen, les Articles de Foi, l'Alliance de conduite chrétienne et des Statuts de l'organisation et Gouvernement..." (Manuel 2013-2017, Préambule, p. 30).

Le manuel de l'Église du Nazaréen est un guide qui contient des informations de manière ordonnées et systématiques sur l'histoire, les croyances, l'organisation, la gouvernance, les objectifs, les fonctions, les procédures, la mission, les valeurs, les pratiques éthiques et positions officielles de la dénomination, devenant un instrument de soutien administratif pour les dirigeants et l'efficacité pour la tâche de la dénomination.

La connaissance et l'application du manuel offre plusieurs avantages: Il présente une vision globale de l'organisation de la dénomination, il précise clairement les fonctions de chaque zone administrative, ministère et peuple dans les postes de service, facilite l'unité dans le travail pour la conformité de la mission de l'église et permet d'économiser du temps et des efforts dans l'exécution des fonctions. De plus, il fournit des informations sur les croyances confessionnelles et position sur des questions importantes, aide à la planification, organisation, coordination, délégation et dans l'évaluation du travail, et sert de moyen d'intégration aux nouvelles églises locales dans différents pays du monde, facilitant leur incorporation et intégration dans la dénomination.

Tous les quatre ans, l'assemblée générale révise et met à jour le manuel de la décision des districts, qui comprend les églises locales. Actuellement, le manuel à quatre cents pages et son contenu est divisé en dix parties qui sont organisées de manière systématique. Ils comprennent une introduction, déclaration historique, constitution de l'église, alliance de la conduite chrétienne, gouvernement, ministère et service des chrétiens, administration des constitutions judiciaires, rituelles, auxiliaires, formulaires et annexe. Toutes ces parties suivent le système d'articles et de paragraphes avec une numérotation consécutive.

La déclaration de Mission, but et objectif

Ensuite, nous connaitrons l'objectif pour lequel notre église existe.

Notre énoncé de mission est indiqué dans le manuel:

"La mission de l'Église du Nazaréen est de répondre à la Grande Commission du Christ d'aller faire de toutes les nations des disciples (Matthieu 28:19)". "Le but premier de l'Église du Nazaréen est de faire avancer le Royaume de Dieu par la préservation et propagation de la sainteté chrétienne telle qu'établie par les Écritures" (Manuel 2013-2017, p. 5).

On retrouve également dans le manuel les objectifs et la finalité de laquelle notre organisation existe:

"Les objectifs critiques de l'Église du Nazaréen sont : la sainte communion chrétienne, la conversion des pécheurs, l'entière sanctification des croyants, leur édification dans la sainteté et la simplicité et la puissance spirituelle manifestée dans l'église primitive du Nouveau Testament, avec la prédication de l'évangile à toute créature."

"L'Église du Nazaréen existe dans le but de servir d'instrument pour l'avancement du royaume de Dieu par la prédication et l'enseignement de l'Évangile dans le monde entier. Notre amende de commission défini est de préserver et de propager la sainteté chrétienne en tant que les Écritures établissent, par la conversion des pécheurs, la restauration des apostats et l'entière sanctification des croyants (2009-13 Manual p. 5).

L'Assemblée Générale est l'organisme maximum de l'église du Nazaréen en termes de formulation de croyances, de lois et des élections.

Dans le préambule de la partie IV sous Gouvernement, ils déclarent à nouveau notre tâche, mission et objectif:

- **Notre tâche est:** de se donner pour rencontrer tous les peuples à travers de la grâce transformatrice de Dieu pour le pardon des péchés et la purification du cœur en Jésus, le Christ.
- **Notre mission est**: Faire des disciples, incorporer les croyants dans la communion ecclésiale et l'adhésion (congrégations) et former (enseigner) pour le ministère de tous ceux qui répondent à la Foi.
- **Notre objectif:** Présenter parfait en Jésus, le Christ pour chaque homme le dernier jour (Colossiens 1:28).

Sa forme de gouvernance

Dans cette section, nous saurons quelle est notre forme de gouvernance.

Les Écritures enseignent qu'il y avait un ordre dans l'église primitive. Dans les lettres pastorales (1, 2 Timothée et Tite) il est observé qu'il y avait un ordre concernant les réunions, les règlements au sein de l'église pour le leadership, et des autres ordonnances. Tout au long de l'histoire de l'Église chrétienne, pratiqué au moins cinq formes de gouvernement ecclésiastique:

1. La pontificat: où l'Église catholique romaine soutient que l'autorité suprême et finale se trouve dans le Pape.

2. Congrégationaliste: où l'autorité est fondée sur les congrégations distinctes. Cette forme de gouvernement a parfois été dit "indépendant" ou "démocratique", car il implique plus de participation. L'autorité réside dans l'église locale. En voici trois vérités qu'ils affirment:

Leçon 6 -Notre Organisation

Gouvernance Représentative

L'évêque Weaver, cité par Wiley et Culbertson, sont d'avis sur cette forme de gouvernance : "C'est notre avis que la forme de gouvernance dans le Nouveau Testament n'était pas exclusivement épiscopale, ni presbytérien, ni congrégationaliste, mais une combinaison de certains éléments de tous. D'un examen attentif de toute la question, nous concluons que nous sommes en harmonie avec la pratique et les écrits des apôtres disant que l'autorité dans l'Église visible est mise dans le ministère et dans les laïcs ensemble".

a) La puissance de la gouvernance réside dans l'église et non dans les évêques ou les anciens.

b) La majorité est celle qui commande ; la minorité doit se soumettre aux jugements de la majorité.

c) Le pouvoir de l'église ne peut être transféré ou ignoré ; et la décision de l'église est définitive.

3. Épiscopal: où l'autorité est concentrée dans un ordre supérieur du ministère appelé évêques. Le gouvernement de l'église locale repose entièrement sur l'évêque qui est le centre de l'autorité.

4. Presbytérien: où l'autorité réside dans le ministère et dans les laïcs ensemble. L'autorité dans ce système réside dans :

D'abord, dans le Consistoire composé de personnes âgées des dirigeants ou des dirigeantes matures qui représentent la congrégation et pasteur.

Deuxièmement, dans le Presbytère, qui est composé de tous les pasteurs et un leader mature de chaque congrégation.

Troisièmement, dans une équipe, qui est composée d'un groupe de pasteurs et des dirigeants matures.

Quatrièmement, à l'Assemblée Générale, composée de pasteurs et des dirigeants représentant tous les consistoires. Cette assemblée est la plus haute autorité de l'Église presbytérienne.

5. Méthodiste: il découle du modèle presbytérien, où l'autorité est mise principalement sur les prêtres de l'église.

Dans le cadre l'égale de notre héritage anglican et surtout méthodiste, les aspects suivants organisationnels et pratiques ont été adaptées par notre dénomination:
- Les assemblées sont dérivées du système de conférence méthodiste montrant des éléments de l'influence presbytérienne sur le méthodisme et dans notre église.
- La pratique du choix des candidats ministériels pour être ordonné ministres dans les assemblées des champs.
- L'invitation des ministres ordonnés d'imposer les mains aux nouveaux ministres.
- Le besoin de surintendance.

De ces formes de gouvernement ecclésiastique, la plus pratiquée avec ses adaptations par les églises protestantes sont : épiscopale, presbytérienne et Congrégationaliste.

L'Église du Nazaréen a un gouvernement représentatif, qui est une combinaison de certains éléments de ces trois modèles. C'est-à-dire, utilise des éléments épiscopaux (l'autorité appartient aux évêques), presbytériens (l'autorité est dans les prêtres) et congrégationaliste (l'autorité est dans la congrégation) pour éviter les extrêmes de l'épiscopalisme et Congrégationalisme.

La forme de gouvernement de l'Église du Nazaréen est particulière, car dans les différents niveaux de la structure organisationnelle ont une participation à la fois ministres et laïcs. Ils occupent des postes de service et ils travaillent en équipe pour la réalisation commune des objectifs et la conformité de la mission de l'église. Les laïcs et les ministres ont une autorité égale dans les affaires administratives de l'église, en conservant une balance de pouvoir.

Ceci est indiqué dans l'Introduction du Manuel :

"Grâce au fait que les laïcs et les ministres ont une autorité égale dans les unités délibérantes et législatives de l'Église, il existe un rapport de force souhaitable et efficace. Nous considérons cela non seulement comme une opportunité de participation et de service dans l'église, mais aussi comme une obligation tant pour les laïcs que pour les ministres" (p. 8).

L'organisation et le gouvernement de l'église sont structurés en trois niveaux: Église locale, de district et générale.

Organisation dans l'église locale

Dans l'Église du Nazaréen, nous affirmons que l'Église locale est le contexte où la mission s'accomplit en proclamant le message du salut, disciples croyants, guidez-les vers la maturité et entraînez-les à exercer les dons de l'Esprit. L'église locale en tant que Corps visible du Christ est la représentation vivante des croyances et de la mission de notre église.

L'église locale est essentiellement organisée dans les entités suivantes afin de pourvoir faciliter leur travail :

- Pasteur / Corps Pastoral
- Conseil de l'église (administrateurs, économes, présidents des ministères de: MEDD, MNI et JNI, secrétaire et trésorier)
- Ministères : École du Dimanche et Discipulat (MEDD), Missions Nazaréennes Internationales (MNI), La Jeunesse Nazaréenne Internationale (JNI), Comité d'évangélisation et Comité des ministères nazaréens de Compassion (MNC).

L'église locale élit des délégués à l'assemblée de district, ils participent à la sélection et le ministère de leurs pasteurs, choisissant leurs dirigeants locaux, gère ses propres finances et s'occupe de toutes les autres questions appartenant à sa vie et à son travail local.

Dans l'Église du Nazaréen, l'organigramme de l'église locale n'est pas rigide, il permet plutôt la création de ministères et la somme d'autant de dirigeants que nécessaires pour accomplir la mission dans son contexte.

Administrateur: Un membre de l'église du Nazaréen qui est choisi pour certaines responsabilités spécifiques dans les domaines de visites, finances, évangélisation, compassion, culte public, discipulat, préparation et la distribution des éléments pour le repas du Seigneur, entre autres.

Presbytère: C'est la reconnaissance ou ordre permanent que l'église accorde aux ministres qui ont été appelés par Dieu et avoir à répondre aux exigences pour cela : des études théologiques, expérience ministérielle, témoignage et service chrétien entre autres. Dans l'église du Nazaréen, l'administration des sacrements est réservée aux presbytère.

MODELE D'ORGANIGRAMME DE L'EGLISE LOCALE

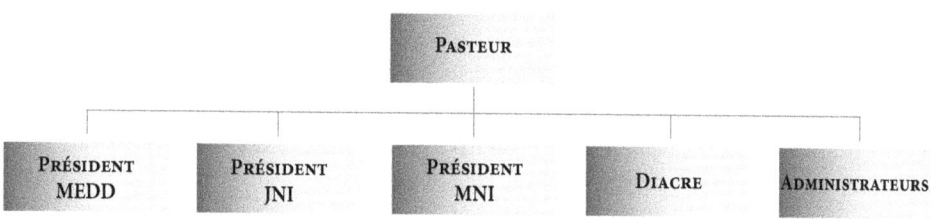

Leçon 6 - Notre Organisation

Organisation du district

Un district est un ensemble d'églises locales dans une zone géographique sous la direction d'un ministre qui fait office de surintendant. Dans les statuts de l'organisation et du gouvernement dans la section de la Constitution de l'Église affirme que :

28.1. Nous convenons qu'une surintendance est nécessaire pour compléter et aider l'église locale dans l'accomplissement de sa mission et ses objectifs. La surintendance renforcera le moral, fournira de la motivation, fournir des conseils d'administration et de méthode, et organiser et stimuler l'organisation de nouvelles églises et missions en tout lieu.

28.2. Nous convenons que l'autorité accordée aux surintendants n'interfère pas avec l'action indépendante d'une église entièrement organisée. Chaque église jouira du droit de choisir son curé, en se soumettant aux règles d'approbation que l'Assemblée générale juge opportun d'instituer.

Au niveau du district, un surintendant dispose d'une équipe de dirigeants des ministères, des comités de travail et des comités. Ces dirigeants et conseils sont élus par les représentants des églises locales à l'Assemblée de district qui se réunissent annuellement.

Organisation générale et régionale

De manière générale, il existe trois organismes importants dans la dénomination, représentant toutes les églises locales et les districts partout dans le monde. Il s'agit de : l'Assemblée Générale, le Conseil d'Administration, les surintendants généraux et le Conseil général international. Les fonctions et l'organisation de chacun se trouvent dans le manuel de l'église, mais voici un bref résumé.

L'Assemblée générale est l'autorité suprême de la dénomination. Celle-ci est présidée par les surintendants généraux. Il est composé de délégués ministériels et laïcs en nombre égal, élus par elle par les assemblées de l'Église du champ nazaréen ; par les membres de droit et par les délégués des districts sous l'administration des départements de la mission mondiale et la croissance de l'Église, comme stipulé par l'Assemblée générale. Cette Assemblée se tient tous les quatre ans (voir paragraphes 300 à 305.9).

Le **Conseil Général** est composé de membres élus en Assemblée Générale, qui sont des délégués ministériels et laïcs représentant une région (voir points 330 à 334.19).

Les **surintendants généraux** sont élus par l'assemblée générale de tous les ministres de l'Église du Nazaréen à travers le monde. À l'heure actuelle, six dirigeants composent le conseil d'administration de Surintendants généraux (voir les paragraphes 306 à 307, 314 à 323). Pour mieux accomplir leurs tâches, ces entités disposent d'une équipe de personnes compoée en plusieurs départements, conseils et comités de travail.

Gouvernement de la Congrégation:
Ce système met l'accent sur l'autonomie de l'église locale. Chaque congrégation ordonne à ses propres ministres. Il rejette la relation organisationnelle entre les églises. Déclarer comme non biblique toute autorité ecclésiastique au-delà du local. Ils ont des congrès et ils envoient des délégués, mais ils se disent fraternels. Les décisions prises dans la convention n'ont aucune autorité sur l'église locale, seulement sont reçues sous forme de recommandations.

Les Qualités du Leadership
Choisir des dirigeants au sein de l'Église du Nazaréen, il est souligné que ce sont des leaders spirituels, c'est-à-dire qu'ils sont matures dans leur caractère, qu'ils soient remplis du Saint-Esprit, ainsi ils puissent conduire avec foi et avec espoir, avec sécurité, avec amour, qu'ils assurent la stabilité, que leurs croyances sont basé sur les Écritures et qu'ils pratiquent dans leur vie qui y est enseigné, que modeler une attitude et une action de service aux autres, et qu'ils s'entendent avec toute la famille de Dieu.

Organisation régionale

Une région est un regroupement de plusieurs districts dans une zone géographique qui relèvent d'un directeur régional. Il y a actuellement sept régions Internationales: Méso-Amérique, Amérique du Sud, Caraïbes, Eurasie, Asie-Pacifique, l'Afrique, les États-Unis et le Canada. Les régions sont à leur tour subdivisées en plusieurs zones, chacune sous la direction d'un coordonnateur de la stratégie de zone représentant du directeur régional. Le bureau régional est une extension de la Mission Globale de l'Église du Nazaréen dans la région assignée.

Les régions ont également des coordonnateurs régionaux pour soutenir des ressources aux églises locales dans les ministères suivants : évangélisation, Travail et témoignage, compassion, école du dimanche et formation de disciples, Éducation théologique, Missions, Jeunesse, Littérature, Communications et Mission mondiale. En outre, il existe un Conseil consultatif régional (CAR) avec la représentation des ministres ordonnés et laïcs (voir paragraphes 344 à 344.7).

L'histoire du sceau de la dénomination

Le timbre actuel a été conçu en 1967 lorsque le Dr B. Edgar Johnson, qui était le secrétaire général de la dénomination à l'époque, il voulait un timbre pour les lettres officielles de l'église. Avec l'aide de l'artiste Dave Lawlor, le dessin de base était prêt et figurait sur le papier à en-tête du bureau du Secrétariat général. Des autres agents des départements de l'église générale ont manifesté leur intérêt à utiliser également le sceau sur leur papier de l'en-tête et serait bientôt mis à la disposition de tous les bureaux et même imprimés sur les documents de l'Assemblée générale. En 1970, le catalogue de la Maison Nazaréenne (en anglais) a mis en vente des autocollants avec le sceau en or et noir à coller sur lettres, certificats, cartes, etc. et petit à petit c'est fait les plus populaires et à la portée de tous.

Le Dr Johnson a choisi différents éléments qui avaient un sens spécial et personnel : La flamme ou flambeau de feu et la colombe représentent l'Esprit qui vit dans la Parole, provoquant la faim de Dieu, à l'intérieur de nos cœurs; la Bible, représente l'idée que "la lettre tue mais, l'Esprit vivifie" ; et la phrase "Appelé à la sainteté", rappelle les débuts de la dénomination lorsque cette devise a été utilisée sur les couvertures en tissu qui ont été pendu dans les temples nazaréens.

Un Sceau C'est un moyen simple d'identification qui représente une organisation ou entreprise. Au temps de Bresee, seule la croix était utilisée dans la littérature imprimée. La devise "Appelé à la sainteté" ou "Sainteté à l'Éternel" apparaissait sur des affiches et dans des couvertures en tissu qu'ils pendaient dans les églises locales ou lors des réunions champêtres.

QU'AVONS-NOUS APPRIS?

Dans le Manuel de l'Église du Nazaréen, on a trouvé le guide du gouvernement et du ministère de l'église au niveau local, district, régional et général.

Leçon 6 - Notre Organisation

Des Activités

DES INSTRUCTIONS:

1. Expliquez dans vos propres mots en quoi consiste la forme représentative du gouvernement.

   _____
   _____
   _____
   _____
   _____
   _____
   _____
   _____
   _____

2. En groupes de trois ou quatre et en utilisant l'organigramme de la page 53 comme modèle, dessinez un qui représente l'organisation du ministère dans votre église locale.

Leçon 7

Nos Valeurs et Notre Mission

Les Objectifs

- S'identifier à la mission de l'église pour faire des disciples a la ressemblance du Christ dans les nations.
- Avoir une compréhension vaste au sujet de la mission mondiale de notre dénomination.

Les Idées Principales

- L'Église du Nazaréen est un peuple avec une mission.
- La mission se développe dans des différents domaines afin qu'il soit intégral.
- La mission de l'église est fondée sur ses valeurs.

Introduction

Encore et encore, l'Église a besoin de se souvenir de sa mission pour ne pas perdre sa raison d'être, sa priorité ou sa direction. Cela a commencé avec le plan divin du salut de l'être humain et s'est poursuivie avec la création d'une ville de Dieu, par qui toutes les nations de la terre seraient bénies. Alors, Dieu a envoyé son Fils Jésus qui est le Christ pour continuer la mission d'être lumière et sel au monde, puis il a fait participer ses disciples à sa mission. Pour à la fois dans l'Église du Nazaréen -en tant que partie de l'Église universelle- nous sommes engagés à répondre à la Grande Commission de Jésus, le Christ. Nous sommes le peuple de Dieu et nous avons une mission divine, rédemptrice, sainte, de biens nouveaux et portée universelle.

Quelles sont les valeurs de l'Église du Nazaréen?

Dans cette section, nous apprendrons au sujet de nos valeurs.

L'Église du Nazaréen se définit par sa participation à la mission de Dieu, ses croyances et ses valeurs qui reflètent son identité et qui sont transmis de génération en génération. Ce sont des valeurs fondamentales qui servent de guide, qui définissent ce que nous faisons et pourquoi nous le faisons et par-dessus tout, ils aident au développement de la communauté nazaréenne mondiale. Voici un résumé de ces valeurs:

NOUS SOMMES UN PEUPLE CHRÉTIEN

"En tant que membres de l'Église universelle, nous nous unissons aux vrais croyants dans la proclamation de la Seigneurie de Jésus qui est le Christ et dans les crédos trinitaires faits historiques de la foi chrétienne. Nous chérissons notre héritage wesleyen de sainteté et la considérer comme le moyen de comprendre la vraie foi selon l'Écriture, la raison, la tradition et l'expérience"

NOUS SOMMES UN PEUPLE DE SAINTETÉ

"Dieu, qui est saint, nous appelle à une vie de sainteté. Nous croyons que le Saint-Esprit veut faire en nous une seconde œuvre de grâce, connue sous divers termes, y compris "entière sanctification" et "baptême du Saint-Esprit" ; nous purifiant de tout péché; nous renouveler à l'image de Dieu; nous donnant le

Valeurs: *Les qualités, idéaux et les normes qui guident une personne ou institution.*

pouvoir d'aimer Dieu de tous nos cœur, âme, esprit et force, et notre prochain comme nous-mêmes, et produisant en nous le caractère du Christ. La sainteté dans la vie des croyants est plus clairement comprise comme ressemblance à Christ."

NOUS SOMMES UN PEUPLE MISSIONNAIRE

"Nous sommes un peuple envoyé qui répond à l'appel du Christ et est habilité par le Saint-Esprit à aller dans le monde, pour témoigner de la Seigneurie du Christ et à participer avec Dieu à l'édification de l'Église et à l'extension de son royaume (2 Corinthiens 6 : 1). Notre mission (a) commence dans l'adoration, (b) ministres du monde dans l'évangélisation et la compassion, (c) encourage les croyants à la maturité chrétienne par le discipulat, et (d) prépare les femmes et les hommes pour le service chrétien à travers une éducation chrétienne supérieure."

(Extrait du livret des Valeurs Essentielles de l'Église du Nazaréen basé sur la déclaration du Conseil des surintendants généraux publiée dans le quadriennal 1997-2001)

L'église du Nazaréen est une église avec une mission

Dans cette section, nous allons en apprendre davantage sur la mission historique de l'église.

L'Église du Nazaréen est née avec une mission claire telle qu'exprimée ces mots de Phineas F. Bresee.

"L'église du Nazaréen est une église simple et primitive, une église du peuple et pour le peuple. Elle manque de nouvelles doctrines, seulement des vérités bibliques anciennes... Ce n'est pas une mission, mais une église avec une mission. C'est le groupe uni de cœurs qui a trouvé la paix avec Dieu et qui maintenant dans leur joie ils sortent pour porter le message de l'impénétrable richesse de l'évangile du Christ aux découragés, souffrants et des malades. Sa mission est pour tous ceux qui ont traversé la lutte de la vie au sein de la douleur, et pour chaque cœur qui a faim d'être nettoyé du péché."

L'Église du Nazaréen est une église avec une mission. Cette mission est née dans le cœur de Dieu et dans son caractère et sa nature même: sa sainteté. Cela caractérisait notre dénomination et les groupes de sainteté qui l'ont rejoint. La mission est un aspect essentiel de notre identité.

Les premiers Nazaréens, y compris leur fondateur, étaient connus par leur amour et leur attention pour les personnes dans le besoin. Ils ont travaillé dur pour ouvrir des orphelinats, refuges et missions de sauvetage; ils aidaient les immigrés, ils nourrissent les affamés, ils écrivaient des articles de journaux qui promus la justice sociale, ils ont envoyé des missionnaires dans des autres parties du monde, ils ont évangélisé dans des autres villes et villages, etc.

Tout cela faisait partie de qui ils étaient. Les Nazaréens étaient sérieusement engagés à montrer qu'ils ont fait ce que Jésus, le Christ a fait, à prêcher la bonne nouvelle du salut en paroles et en actes, et à être témoin de son expérience de sainteté comme réelle et présente. Tout ce qu'ils ont fait était au cœur de leur identité en tant qu'église missionnaire (ils ne se limitaient pas aux besoins locaux seulement, mais ils allaient au-delà d'eux-mêmes).

Pays et années où fonda l'Église du Nazaréen jusqu'en Février 2017.

1887 - États-Unis
1898 - Inde
1901 - Cap Vert
1902 - Canada
1902 - Cuba
1903 - Mexique
1904 - Guatémala
1905 - Japon
1909 - Argentine
1909 - Royaume-Uni
1910 - Eswatini (Swaziland)
1914 - Pérou
1919 - Afrique du Sud
1920 - Syrie
1922 - Mozambique
1926 - Barbade
1926 - Trinité
1934 - Belize
1937 - Nicaragua
1944 - Porto Rico
1944 - Îles Vierges
1945 - Bolivie
1946 - Australie
1946 - Guyane
1946 - Philippines
1948 - Italie
1948 - Corée du Sud
1949 - Uruguay
1950 - Haïti
1952 - Nouvelle-Zélande
1953 - Panama
1955 - Papouasie-Nouvelle-Guinée
1956 - Taïwan
1957 - Malawi
1958 - Samoa Américaines
1958 - Brésil
1958 - Allemagne
1960 - Danemark
1961 - Zambie
1962 - Chili
1963 - Zimbabwé
1964 - Costa Rica
1964 - Salvador
1964 - Samoa
1966 - Jamaïque
1967 - Hollande
1970 - Bermudes
1970 - Honduras
1971 - Bahamas
1971 - Guam
1972 - Equateur
1972 - Sainte Lucie
1973 - Antigua

1973 - Namibie
1973 - Portugal
1974 - Dominique
1974 - République Dominicaine
1974 - Hong Kong (RAS)
1975 - Colombie
1975 - Saint - Vincent
1976 - Martinique
1977 - France
1977 - Grenade
1977 - Nigéria
1978 - Suisse
1980 - Paraguay
1981 - Espagne
1982 - Vénézuela
1983 - Saint-Kitts-et-Nevis
1984 - Azores
1984 - Botswana
1984 - Kenya
1984 - Suriname
1984 - Myanmar
1985 - Chypre
1986 - Egypte
1986 - Guadeloupe
1987 - Côte d'Ivoire
1987 - Irlande
1988 - Guyane Française
1988 - Sénégal
1988 - Ouganda
1989 - Thaïlande
1990 - République Démocratique du Congo
1990 - Ghana
1990 - Libéria
1990 - Rwanda
1990 - Tanzanie
1992 - Angola
1992 - Bangladesh
1992 - Roumanie
1992 - Russie
1992 - Îles Salomon
1992 - Ukraine
1993 - Lesotho
1993 - Madagascar
1994 - Bulgarie
1994 - Saint-Martin
1995 - Fidji
1995 - Palaos
1996 - Hongrie
1996 - Pakistan
1997 - Burkina Faso
1997 - République du Congo
1997 - São Tomé et Príncipe
1998 - Bénin
1998 - Népal
1998 - Togo
1999 - Burundi
1999 - Cameroun

Le Dr. Ron Benefiel invite les Nazaréens à se demander: Sommes-nous toujours une ville avec une mission? La mission que Dieu a confiée au premiers Nazaréens, encore une mission pour l'église aujourd'hui?

Nous vivons toujours dans un monde brisé, malade et découragé, et l'Église du Nazaréen a toujours une mission claire de montrer l'amour et la compassion besoins des faibles, leur prêcher l'Évangile et leur témoigner de la sanctification comme expérience transformatrice, réelle et présente. Cette mission selon le Dr Wesley Tracy, va dans quatre directions : adoration entreprise, évangélisation, l'édification et le service.

Il s'agit donc de continuer à faire preuve d'engagement que nous, Nazaréens, avons avec notre mission, avec Dieu et avec nous-mêmes; être prêt à répondre à l'appel du Seigneur et à donner nous-mêmes en sacrifice pour suivre les traces de Jésus qui est le Christ.

L'église du Nazaréen est une église de la Grande Commission

Ensuite, nous verrons comment accomplir la Grande Commission.

Les Nazaréens sont appelés à témoigner fidèlement et de manière attrayante de notre famille, nos amis et nos voisins de la transformation qu'a fait Jésus, le Christ dans nos vies pour qu'eux aussi veuillent avoir une nouvelle vie pleine de l'amour de Dieu. Les moyens utilisés pour réaliser la Grande Commission sont nombreux et créatifs. Tous les Nazaréens, nous devons nous engager à faire des disciples.

Avec la Grande Commission (Matthieu 28 : 18-20), il y a le Grand Commandement (Matthieu 22 :36-39) d'aimer notre prochain comme nous-mêmes. C'est la motivation pour montrer l'amour, la compassion et soulagement des besoins des pauvres et des brisés dans le cadre de notre mission.

Dès sa création, la dénomination s'est intéressée aux missions, donc l'évangélisation du monde est sa mission. L'œuvre missionnaire est accomplie par moyens de la prédication, d'enseignement, d'évangélisation, d'action sociale, diffusion, etc...

Cependant, cette tâche coûte de l'argent et des efforts, de sorte que les congrégations locales font des offrandes généreuses, prient, jeûnent et soutiennent les missions internationales et missionnaires afin que de nombreuses personnes partout dans le monde ont la possibilité de se rencontrer et de recevoir Jésus qui est le Christ comme Sauveur et Seigneur.

Grâce aux offrandes d'évangélisation mondiale, les Nazaréens en partout, participer à atteindre des autres peuples du monde, qui depuis sa création, ils ont toujours été généreux en offrant leurs ressources économiques pour l'extension de l'église.

La mission de l'Église du Nazaréen après 100 ans

Dans cette section, nous apprendrons au sujet de notre mission aujourd'hui.

Au début de 2007, le Conseil des surintendants généraux a dévoilé le nouvel énoncé de mission de l'Église du Nazaréen. Celui-ci exprime la mission officielle de la dénomination: "Faire des disciples à l'image du Christ dans les nations".

En octobre 2008, l'Église du Nazaréen a célébré les 100 ans de son histoire et le progrès en tant que dénomination, mais c'était aussi un temps pour recentrer, renouveler et évaluer où nous en sommes en tant qu'église aujourd'hui et où nous espérons être demain. Chaque congrégation locale dans le monde est encouragée à raconter l'histoire de la dénomination en fonction de son histoire depuis le début, son message et sa mission en tant que famille confessionnelle.

Notre histoire nous permet de nous souvenir de nos humbles débuts; notre message est un moment de renaissance et de continuer avec la proclamation du message de sainteté comme celui d'une espérance radicale sur les possibilités de transformation personnelle et sociale ; et notre mission en tant qu'un temps pour atteindre les autres pour Christ dans le monde, motivés pour notre engagement et notre compassion qui se dégagent de nos valeurs essentiels (Grow Magazine, automne 2003).

Tant que l'église a une mission, nous continuerons à avancer vers l'avant. Cela gardera la dénomination, car il ne peut y avoir d'église sans mission ou sans raison d'être.

1999 - Croatie
1999 - Gabon
1999 - Pologne
2000 - Aruba
2000 - Chuuk
2000 - Pohnpei
2000 - Saïpan
2000 - Sri Lanka
2000 - Tonga
2001 - Timor Oriental
2001 - Vanuatu
2002 - Arménie
2002 - Guinée Équatoriale
2002 - Gréce
2002 - Îles de Madère
2003 - La Réunion
2004 - Guinée - Bissau
2004 - Sierra Leone
2005 - Kosovo
2006 - Zanzibar
2009 - Guinée Conakry
2009 - Moldavie
2009 - Niger
2009 - Norvège
2012 - Soudan du Sud
2012 - Turks et Caicos
2017 - Curaçao
2017 - Mongolie
2017 - Singapour

(162 zones du monde)

La mission de l'église est pour tout le monde

Dans cette section, nous connaitrons comment s'intégrer dans la mission.

Puisque la mission de l'Église fait partie de notre identité, en tant que dénomination, il est important que nous sachions comment y participer pour le promouvoir et le soutenir. L'un de ces moyens est de savoir qui nous sommes et ce que fait un missionnaire. Le manuel du département de la mission mondiale de l'Église du Nazaréen définit un missionnaire comme "celui qui a rendu témoignage d'un appel à plein temps à un service interculturel qui a complété un certain nombre d'années qualifié dans le travail missionnaire précédent, il exige qu'ils aient une connaissance de la langue anglaise et qu'ils parlent couramment la langue de la région où ils travaillent". (Définition d'un missionnaire mondial, paragraphe 1.1, troisième partie ; politique gouvernementale pour les missionnaires mondiaux).

Dr Charles Gailey, missionnaire et professeur de missions pour l'Église du Nazaréen et d'autres missiologues s'accordent à dire que ce qui différencie un missionnaire de l'obligation universelle de témoignage de tout chrétien, c'est que les missionnaires sont sélectionnés et envoyés dans des

La Grande Commission: C'est le commandement de Jésus, le Christ a donné à ses disciples qui se trouve dans Matthieu 28:18-20.

Le Grand Commandement: C'est l'enseignement de Jésus, le Christ aux pharisiens et les scribes au sujet de l'amour qui se trouve dans Matthieu 22:36-39.

Leçon 7 - Nos Valeurs et Notre Mission

autres cultures comme enseigné dans Actes 1 : 8. Une autre définition de missionnaire serait : C'est que le chrétien appelé par Dieu, choisi et envoyé par l'Église, pour communiquer la bonne nouvelle du salut, sous différentes formes à des personnes de différents groupes ethniques du monde entier.

Les missionnaires ont des qualités, des compétences et des caractéristiques particulières pour accomplir une tâche spéciale que nous appelons l'œuvre missionnaire, cela se traduit par le don de soi aux autres dans l'amour et implique l'abandon de certaines choses de confort, le maintien d'une distance géographique avec la famille et les amis, adopter un mode de vie simple, s'adapter à une culture, et parfois affronter des dangers, souffrir de maladies et même des persécutions.

Connaître les différentes circonstances auxquelles les missionnaires sont confrontés et exposés, l'église se rassemble pour prier et soutenir. De plus, il développe des activités et des programmes qui permettent à l'église locale de promouvoir le travail missionnaire de la dénomination et maintenir le contact avec ceux qui sont envoyés dans un certain pays, ainsi que de se renseigner sur les besoins et la culture de ce lieu. Si la mission de l'église est pour tout le monde, où alors commence la mission? La mission commence par nous-mêmes lorsque nous prenons l'initiative et la décision d'aller chercher les perdus là où ils sont. La mission de l'église est à la maison, près de la maison et loin de la maison.

Le défi du troisième millénaire pour l'église du Nazaréen

Ensuite, nous étudierons les défis futurs de la mission.

Le Dr Tom Nees dans son livre The Changing Face of the Church d'Américain à Mondial), souligne que le défi pour tous les dirigeants nazaréens aujourd'hui est mieux se préparer à travailler dans une église caractérisée par la diversité et la croissance urbaine. Pour mieux servir l'avenir, les dirigeants actuels ont besoin de formation dans les domaines du leadership, de la communication et de la culture interculturelle, apprendre à administrer des ministères dans différentes langues et cultures et apprendre à créer l'unité au milieu de cette diversité.

Pour Nees, le succès de notre mission en tant que dénomination dépendra de trois facteurs importants:

Premièrement, attirer des personnes engagées et dévouées en tant que membres et dirigeants de notre grande dénomination.

Deuxièmement, intégrer les personnes ayant des idées dans des équipes multiculturelles créatives, sages et sophistiqués, avec des dons et des talents, avec différents antécédents, perspectives et expériences, et avec différents styles de leadership.

Interculturel:
Qui affecte un ou plusieurs cultures ou ses relations. Réception des formes de culture.

Une église missionnaire: Certains chrétiens sont appelés par Dieu à servir dans ce ministère du temps complet, cependant, l'église toute entière doit être missionnaire. Les chrétiens sont appelés par Dieu pour partager, servir et témoigner de ce que le Seigneur a fait dans notre vie à l'endroit où nous vivons, comme aussi donner du support à ceux qui sont allés en terre lointaine et vivant dans des autres cultures en faisant des disciples a l'image du Christ.

Troisièmement, maintenez et renouvelez la passion de prêcher l'Évangile partout dans le monde et rester fidèle au commandement d'aimer le prochain de manière inconditionnelle.

Un autre défi pour les églises est d'apprendre à développer des ministères dans des centres urbains créatifs pour atteindre les jeunes, les professionnels, les étudiants universitaires, travailleurs et des autres groupes de la ville dans le but de les présenter Jésus, le Christ et faire d'eux des disciples; apprendre à utiliser Internet et vos différents moyens tels que les réseaux sociaux, les e-mails, les chats, messagerie, pages Web, skype; téléphones portables (messages texte); et autres technologies avancées qui permettent aux gens d'être contactés de différentes manières, lieux et horaires pour partager la bonne nouvelle du salut.

Il est donc vital que les églises locales développent une forte passion pour le Christ et soient fidèles dans leurs mission d'atteindre les perdus, prennent avantage de la diversité culturelle, qu'elles soient flexibles, créatives et généreuses, qui impliquent les jeunes générations, et qui aiment leur prochain inconditionnellement. Seules des églises comme celles-ci seront préparées pour les défis d'aujourd'hui et de demain. Ce n'est qu'ainsi qu'ils deviendront en croissance, en bonne santé et efficace dans leur ministère.

Vision et objectif pour notre région

Dans la région Méso-Amérique, nous adoptons la vision et l'objectif suivants:

Vision:

"Une Église du Nazaréen vivante, unie, sainte et croissante qui affirme son identité, qui a un impact sur la communauté par la compassion et l'amour du Christ, engagée dans la formation des disciples et l'évangélisation du monde."

Objectif:

"Accomplir la Grande Commission de Jésus, le Christ, en faisant des disciples, multiplier et développer une église de sainteté selon les doctrines et principes bibliques de l'Église du Nazaréen."

Qu'avons-nous Appris?

La mission qu'embrasse l'Église du Nazaréen trouve son origine dans le cœur de Dieu et a été, est et sera une partie essentielle de notre identité. La raison de l'existence de l'Église du Nazaréen est sa mission.

Chaque chrétien est appelé à témoigner, mais pas tous les chrétiens sont appelés à être missionnaires. La mission commence avec soi-même.

Leçon 7 - Nos Valeurs et Notre Mission

Des Activités

DES INSTRUCTIONS:

1. Analyser la vision et le but de la région MAC à la lumière de la Grande Commission déléguée à l'église par Jésus, le Christ dans Matthieu 28:19 et la mission originale de l'Église du Nazaréen telle qu'exprimée par Phineas Bresee. Ensuite, répondez: Comment la mission de l'Église du Nazaréen dans la région MAC exprime-t-elle la vision et le but de Jésus, le Christ pour son église et celle de nos fondateurs?

2. Des personnes de cultures, races ou nationalités différentes fréquentent-elles votre église locale? Faites une liste d'eux-mêmes. Qu'est-ce que cela reflet-il? Qu'est-ce que ça vous dit?

3. Expliquez comment cette diversité culturelle et raciale peut être utilisée pour évangéliser les autres au niveau local, national et international.

4. Expliquez dans vos propres mots en quoi consistent l'appel et l'œuvre missionnaire.

5. En groupes de deux ou trois, réfléchissez à des idées créatives sur la façon de soutenir les missions internationales et missionnaires de votre église locale.

Leçon 8

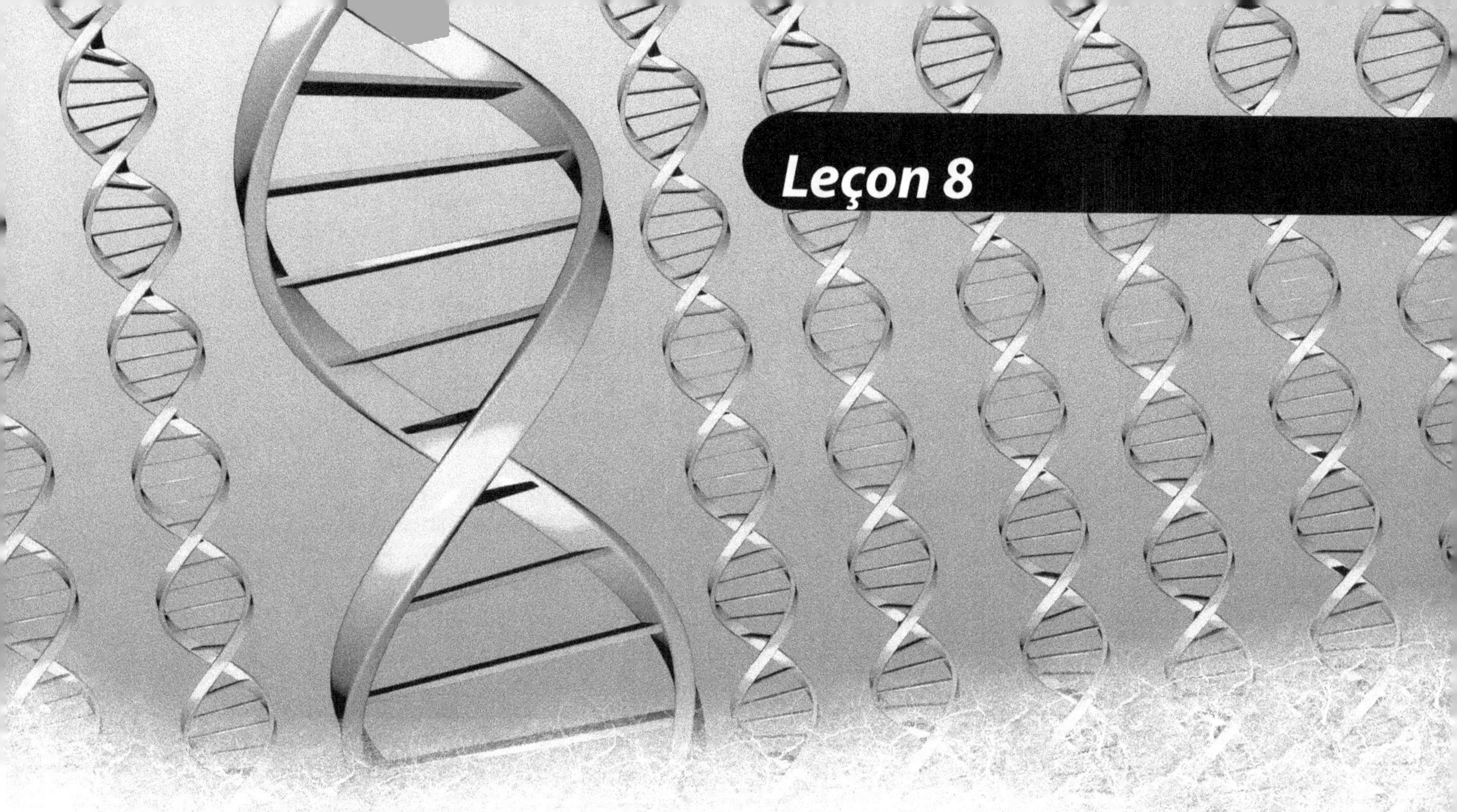

NOTRE STYLE DE VIE

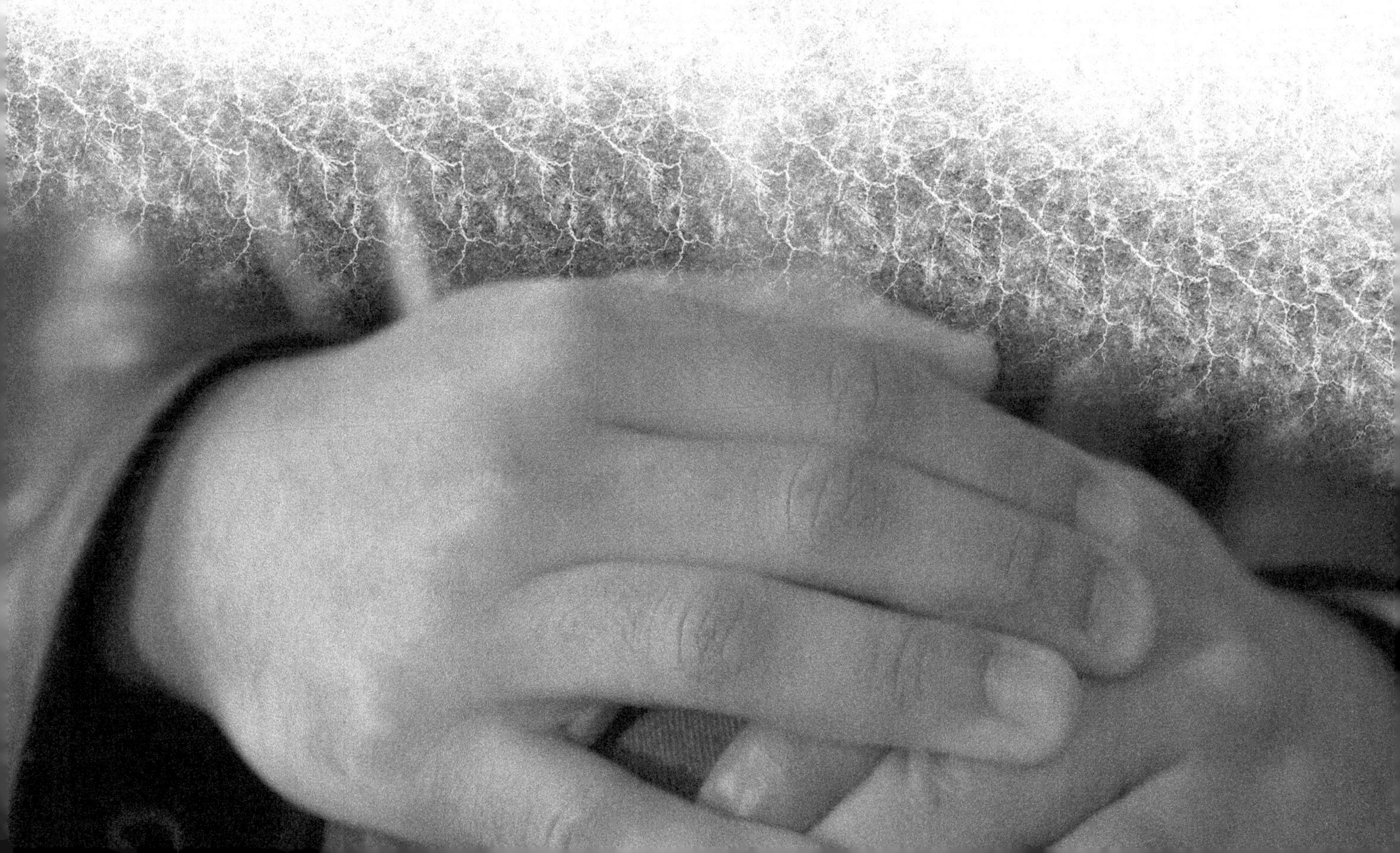

Les Objectifs

- Se familiariser avec les croyances et positions de la dénomination.
- Savoir justifier avec les écritures ce que nous croyons.
- Comprendre la nécessité d'un guide de conduite.

Les Idées Principales

- L'éthique de la sainteté est basée sur Jésus qui est le Christ lui-même et son amour pour nous, et c'est la vraie motivation de vivre une vie sainte en tant que chrétiens.
- Chaque chrétien devrait savoir ce qu'il croit (et ce que croit son église) et pourquoi.
- Les croyances se reflètent dans le comportement.

Introduction

Qu'est-ce qui caractérise le chrétien? Qu'est-ce qui différencie un chrétien des autres du monde? Est-ce suffisant d'être juste bon ou d'être bon pour la bonne raison? Quelle est la motivation derrière notre obéissance aux règles chrétienne? Est-il vrai que peu importe ce que l'on croit tant que c'est sincère? Pourquoi est-il important d'être fidèle aux doctrines et aux normes de l'église?

Quelle est la vision chrétienne du monde des nazaréens?

Ensuite, nous allons apprendre ce que cela signifie une vision chrétienne mondiale.

La cosmovision est "la lentille à travers laquelle nous voyons et valorisons l'ensemble de la culture humaine et notre place dans celle-ci" (Al Truesdale). Les chrétiens ont une culture chrétienne fondée sur l'Évangile, ils sont convaincus que cet évangile a le pouvoir de transformer des vies et d'une différence dans le monde. Par conséquent, cet évangile nous donne de nouvelles valeurs et avec cela, nous pouvons valoriser la culture et notre place dans celle-ci.

Une vision chrétienne du monde inclut la réalité du pouvoir de transformation de l'évangile dans les gens, faites confiance au Saint-Esprit pour changer le bagage mental et culturel des chrétiens. Cette vision du monde est quelque chose qui se développe intentionnellement et est en cours, comme nous soumettons tous les domaines de notre vie à Christ ; qu'il change nos habitudes de pensée, nos schémas, nos préjugés, nos valeurs, nos modes de vie, etc. Ainsi, chaque fois que nous modifions nos valeurs, notre façon de penser et nos coutumes contraires aux valeurs chrétiennes, nous formerons notre culture chrétienne.

Qu'est-ce que l'Alliance du Caractère Chrétien?

Maintenant, nous étudierons l'engagement de la vie chrétienne.

L'Église du Nazaréen croit que la façon correcte de vivre la vie chrétienne, est le résultat d'une relation correcte avec le Christ. Au fur et à mesure que le cœur ne se concentre en soi-même, si non, dans le Christ notre vie doit refléter l'image et le caractère de Dieu, montrer une inclination positive à ce qui est bon, et ne cherchera pas à faire le moins du monde pour plaire à Dieu, mais plutôt plus nous aimons Dieu, plus nos cœurs seront purs.

Les nazaréens sont guidés par trois principes ou "règles générales" (pratiquée par John Wesley et Phineas Bresee) montrant l'application de cet amour dans la vie pratique du chrétien. Ces règles apparaissent sous le nom de: l'Alliance du caractère chrétien et sont dans notre manuel (Partie II de la Constitution de l'Église, section L'Église):

PREMIÈREMENT: Faire ce qui nous est commandé dans la Parole de Dieu, qui est notre règle de foi et de pratique, y compris:

1. Aimer Dieu de tout votre cœur, âme, esprit et force, et votre prochain comme soi-même (Exode 20:3-6; Lévitique 19:17-18; Deutéronome 5:7-10; 6:4-5; Marc 12:28-31; Romains 13:8-10).

2. Attirant l'attention des non sauvés sur les exigences de l'Évangile, invitez-les à la maison du Seigneur et veillez à ce qu'ils reçoivent le salut (Matthieu 28:19-20; Actes 1:8; Romains 1:14-16; 2 Corinthiens 5:18-20).

3. Être courtois envers tout le monde (Éphésiens 4:32; Tite 3:2; 1 Pierre 2:17; 1 Jean 3:18).

4. Aider ceux qui sont aussi de la foi, en vous soutenant les uns les autres, les autres amoureux (Romains 12:13; Galates 6:2, 10; Colossiens 3:12-14).

5. Essayer de faire du bien aux corps et aux âmes des hommes; donner à manger les affamés, habiller les nus, visiter les malades et les prisonniers, et s'occuper de ceux qui en ont besoin, selon l'opportunité et la capacité qui leur a été donnée (Matthieu 25:35-36; 2 Corinthiens 9:8-10; Galates 2:10; Jacques 2:15-16; 1 Jean 3:17-18).

6. Contribuer au soutien du ministère, de l'église et de son travail avec les dîmes et les offrandes (Malachie 3:10; Luc 6:38; 1 Corinthiens 9:14; 16:2; 2 Corinthiens 9:6-10; Philippiens 4:15-19).

7. Assister fidèlement à toutes les ordonnances et moyens de grâce de Dieu, y compris l'adoration publique de Dieu (Hébreux 10:25), le ministère de la Parole (Actes 2:42), le sacrement de la fraction du pain (1 Corinthiens 11:23-30), recherche et méditation des Écritures (Actes 17:11; 2 Timothée 2:15; 3:14-16), les dévotions familiales et privé (Deutéronome 6:6-7; Matthieu 6:6).

Principes Éthiques pour la Vie

L'église du Nazaréen proclame que nous pouvons être libérés de tout péché et avoir une nouvelle vie en Jésus qui est le Christ.

- Obéir aux dix commandements comme éthique chrétien de base.
- Reconnaît la validité de la conscience chrétienne collective éclairée et dirigée par le Saint Esprit.
- Cultiver la sensibilité envers le mal avec l'aide du Saint-Esprit.
- Encourage l'enseignement et prêcher des principes et valeurs chrétiennes.
- Développe la capacité de discernement entre le mal et le bien.
- Témoin et influence dans les établissements publics où les membres de la main d'œuvre.

Leçon 8 - Notre Style de Vie

DEUXIÈMEMENT : Éviter toutes sortes de maux, notamment :

1. Prendre le nom de Dieu en vain (Exode 20:7 ; Lévitique 19:12 ; Jacques 5:12).
2. Profaner le jour du Seigneur en participant à des activités laïques inutiles, s'engageant ainsi dans des pratiques qui nient Sa sainteté (Exode 20:8-11 ; Isaïe 58:13-14 ; Marc 2:27-28 ; Actes 20:7 ; Apocalypse 1:10).
3. L'immoralité sexuelle, comme les relations avant le mariage ou extraconjugale, perversion sous quelque forme que ce soit, ou licence excessive et conduite inappropriée (Exode 20:14 ; Matthieu 5:27-32 ; 1 Corinthiens 6:9-11 ; Galates 5:19 ; 1 Thessaloniciens 4:3-7).
4. Habitudes ou pratiques connues pour nuire au bien-être physique et mental. Les chrétiens devraient se considérer comme des temples du Saint-Esprit (Proverbes 20:1 ; 23:1-3 ; 1 Corinthiens 6:17-20 ; 2 Corinthiens 7:1 ; Éphésiens 5:18).
5. Se quereller, rendre le mal pour le mal, bavarder, calomnier, diffuser des conjectures préjudiciables à la bonne réputation des autres (2 Corinthiens 12:20 ; Galates 5:15 ; Éphésiens 4:30-32 ; Jacques 3:5-18 ; 1 Pierre 3:9-10).
6. Fraude, profit pour acheter et vendre, donner de faux témoignage, et des œuvres similaires des ténèbres (Lévitique 19:10-11 ; Romains 12:17 ; 1 Corinthiens 6:7-10).
7. Se laisser dominer par la fierté vestimentaire ou comportementale. Nos paroissiens doivent s'habiller dans la simplicité et la modestie chrétiennes qui conviennent à la sainteté (Proverbes 29:23 ; 1 Timothée 2:8-10 ; Jacques 4:6 ; 1 Pierre 3:3-4 ; 1 Jean 2:15-17).
8. Musique, littérature et divertissement qui déshonorent Dieu (1 Corinthiens 10:31 ; 2 Corinthiens 6:14-17 ; Jacques 4:4).

TROISIÈMEMENT. Rester en communion sincère avec l'église, ne pas parler mal d'elle, mais totalement attachés à leurs doctrines et coutumes, et participant activement à son témoignage et à son expansion continue (Éphésiens 2:18-22 ; 4:1-3, 11-16 ; Philippiens 2:1-8 ; 1 Pierre 2:9-10).

Le but de ces principes est de développer des relations d'amour entre les membres du Corps du Christ et surtout avec nos prochains et même avec nos ennemis. Par conséquent, il est important que les croyants apprennent à être sensibles pour discerner nos propres attitudes, habitudes, schémas et pratiques (culturels ou non), en particulier ceux qui sont négatifs ; pratiquer et être compatissants, pour veiller aux besoins des autres et à ceux de la famille de Dieu ; et enfin, nourrir le bon, le positif et l'agréable dans nos vies.

Le bien-être de la communauté chrétienne est toujours au-dessus des plaisirs et habitudes personnels, personne ne devrait rechercher son propre bien-être en premier, mais celui des autres, nul ne doit être un obstacle à l'autre ; Et tout ce qui est disponible n'est pas nécessairement en construction.

D'autre part, les croyants sont encouragés à se garder de tomber dans le légalisme pour prouver qu'on peut être bon pour Dieu. L'église n'est pas pour "Veiller sur" ses membres dans leurs actions à chaque instant de leur

Juridisme : C'est l'observation fanatique et application littérale de la loi comme moyen du salut.

vie, mais oui pour inspirer, encourager et instruire ce que Dieu dit sur la vie sainte confiance dans la direction personnelle du Saint-Esprit pour chacun.

Position officielle de la dénomination sur les termes cruciaux contemporains

Dans cette section, nous connaitrons comment opiner et nous conduire dans les termes polémiques.

Afin que ses membres maintiennent un niveau de vie fondée sur des principes bibliques, l'Église du Nazaréen offre à ses membres un guide sur comment vivre, penser et agir face aux enjeux sociaux et morale de notre société contemporaine. (Ce qui suit est basé sur la Partie III L'Alliance du Conduite Chrétienne et Partie X Annexe section IV, Les Affaires sociales et morales Contemporaines du manuel de l'église).

Les Divertissements

Il est recommandé d'éviter les divertissements qui favorisent : la violence, pornographie, sensualité, l'occultisme, laïcité, matérialisme; loteries et jeux d'argent légaux ou illégaux, formes de danse qui s'écartent des croissances spirituelles et détruire les inhibitions morales, l'appartenance à ordres ou sociétés secrets, usage, trafic, commerce de boissons alcoolisées, drogues, tabac, stimulants et époustouflants.

Soutenir et encourager le divertissement qui soutient et favorise la vie sainte et affirme les valeurs bibliques.

Mariage, divorce et/ou dissolution du mariage

L'Église du Nazaréen croit que le mariage:

- A été instituée et ordonnée par Dieu.
- C'est l'union mutuelle d'un homme et d'une femme pour la compagnie, l'entraide et la propagation de la race.
- C'est un état sacré.
- C'est un engagement à vie entre un homme et une femme.
- L'alliance du mariage est moralement contraignante tant que les deux époux vivent.
- Le divorce est une violation des enseignements bibliques, mais ce n'est pas hors de la portée du pardon et de la grâce de Dieu.

Cependant, l'église reconnaît que beaucoup de gens passent par cette expérience et que notre mission est de restaurer et de leur enseigner les principes bibliques pour des expériences positives dans leurs relations matrimoniales présentes ou futurs.

Ce qui est sacré de la vie humaine

L'Église du Nazaréen croit que la vie humaine est sacrée dès le moment de la conception.

Comment puis-je décider quels divertissements sont bons pour moi ?
John Wesley a enseigné ce principe qu'il a appris de sa mère Susana : "Tout ce qui trouble ta raison, engourdi ta conscience, obscurcisse ton sens de Dieu, ou supprime le sens des choses spirituelles, tout ce qui augmente l'autorité de ton corps sur ton esprit, tout est péché pour toi".

La modestie chrétienne dans son vêtement
S'habiller en tout temps avec pudeur dans les lieux publics comme expression de la sainteté.

Leçon 8 - Notre Style de Vie

Euthanasie: *C'est l'action de demander raccourcir sa vie volontairement à une personne dans le but de finir avec les souffrances d'une maladie incurable.*

Don des organes humains
L'église soutient les dons d'organes humains pour les greffes, ainsi que répartition des organes moralement et éthiquement juste pour qualifier pour les recevoir.

Pornographie
Nous affirmons que les êtres humains sont créés à l'image de Dieu et que la pornographie se dégrade, explose et maltraite les hommes, les femmes et les enfants. L'église doit montrer une opposition active à la pornographie par tous les moyens légitimes et chercher à atteindre pour le Christ tous ceux qui sont impliqués avec cela.

L'Église du Nazaréen supporte:

- La mise en place de programmes de prise en charge des mères et enfants (centres d'écoute, maisons de retraite pour des femmes enceintes, création et utilisation de services d'adoption des chrétiens).
- La pratique de l'éthique du Nouveau Testament concernant la sexualité humaine et avortement.
- Le message de pardon de Dieu pour chaque personne qui a subi un avortement.
- Génie génétique pour la prévention et la guérison des maladies, des maux physiques et mentaux.
- Investigations de cellules souches provenant de sources telles que les tissus adultes humains, et du placenta, du sang et du cordon ombilical des animaux.

L'Église du Nazaréen s'oppose à:

- Avortement provoqué par tout moyen, que ce soit par convenance de contrôle personnel ou de la population.
- Les lois qui autorisent l'avortement.
- Le génie génétique qui favorise l'injustice sociale, ignore la dignité humaine, rechercher la supériorité raciale, intellectuelle, sociale.
- Des études d'ADN qui favorisent l'avortement humain.
- Euthanasie ou fin de vie pour qu'une personne ne souffre pas.
- Utilisation de cellules souches extraites d'embryons humains pour la recherche, interventions thérapeutiques et autres.
- L'utilisation d'embryons humains à quelque fin que ce soit et recherche qui prend la vie d'un être humain après la conception.
- Utilisation de tissus obtenus à partir de fœtus humains avortés.
- Le clonage d'un être humain car ce n'est pas un objet mais à la dignité et la valeur accordées par le Créateur.
- L'euthanasie pour mettre fin à la souffrance.
- La légalisation de l'euthanasie.

La sexualité humaine

L'Église du Nazaréen considère la sexualité humaine comme une expression de la sainteté et de la beauté que Dieu le Créateur a voulu donner à sa création. La sexualité est l'une des façons dont l'alliance entre mari et femme, peut et doit être sanctifiée par Dieu, et exécutée uniquement en signe d'amour total et de loyauté.

La sexualité ne sert pas son objectif, lorsqu'elle est considérée comme la fin en elle-même ou lorsqu'elle se dégrade en utilisant une autre personne pour satisfaire ses intérêts sexuels pornographiques et pervers.

Toutes les formes d'intimité sexuelle pratiquées en dehors de l'alliance le mariage hétérosexuel (homme-femme) sont des distorsions pécheresses de la sainteté et de la beauté que Dieu avait l'intention de lui donner. L'homosexualité est un moyen par lequel la sexualité humaine est pervertie. La Bible condamne ces actes pécheurs qui sont soumis à la colère de Dieu.

La moralité chrétienne et la pratique de l'homosexualité sont incompatibles. Cependant, la personne homosexuelle a besoin d'être acceptée du peuple de Dieu afin qu'ils connaissent la grâce de Dieu qui suffit pour les sauver de leurs péchés et mettre fin à la pratique de l'homosexualité.

Discrimination et maltraitance des sans défense

L'église rejette toute forme de discrimination. Affirme que Dieu est le Créateur de tous les hommes. Quelle que soit leur race, couleur, sexe, croyance, doit jouir de l'égalité devant la loi. Comprendre que l'éducation doit cultiver la compréhension et l'harmonie raciales.

L'église a horreur des mauvais traitements infligés à tous et cherche à accroître la sensibilisation du public par des publications et des informations pédagogiques appropriées. Ceux qui agissent sous l'autorité de l'Église sont interdits la participation à des actes d'immoralité sexuelle et à d'autres formes de mauvais traitements des sans défenses.

Responsabilité envers les pauvres

L'Église cherche à établir une relation spéciale avec les pauvres de ce monde, pour cette raison, s'identifie et sympathise avec eux et se bat pour leur offrir des chances, l'égalité et la justice.

L'église et la liberté humaine

L'église encourage ses membres à participer à des activités politiques, à des élections pour la fonction publique, choisir des personnes qui croient dans les principes de la dignité de l'homme en tant que création de Dieu et de leur conscience individuelle, et qu'ils sachent répondre devant Dieu et devant ceux qui ont choisi d'exercer leurs fonctions.

La guerre et service militaire

Il est demandé à l'Église d'utiliser de ses influences pour rechercher les moyens pour que les nations puissent vivre en paix. Elle doit consacrer tous ses efforts à la propagation du message de paix. Les croyants doivent servir leur nation et tout ce qui est compatible avec la foi et le style de vie des chrétiens.

Création

L'église affirme le récit biblique de la création et s'oppose à l'interprétation impie de l'hypothèse évolutionniste qui nie que les êtres humains. Nous, les humains, avons une responsabilité morale envers notre Créateur.

SIDA
L'église montre de l'amour et du souci pour les gens qui souffrent du SIDA et soutiennent des programmes pour leurs prévention, leur traitement et leur travail pastorale auprès des personnes concernées.

Abus de produits chimiques, boissons alcoolisées et tabac

L'Église du Nazaréen s'oppose à la toxicomanie (abus de drogues légales ou illégales) comme un mal social. L'église doit participer activement et visiblement dans l'éducation pour prévenir ces abus.

Elle s'oppose publiquement l'usage du tabac et des boissons alcoolisées sous toutes ses formes et soutient l'interdiction de toute publicité pour le tabac et boissons alcoolisées dans les différents moyens de communication.

L'administration chrétienne

L'église soutient ce que les Écritures enseignent que Dieu est le propriétaire de tous les hommes et de toutes choses, et que nous sommes les administrateurs à la fois de la vie et des biens. Nous croyons que chacun se rendra compte à Dieu pour l'accomplissement de notre gestion.

La pratique chrétienne de la contribution des dîmes et des offrandes reconnaît Dieu en tant que propriétaire de toutes choses. Cette pratique lui permet d'annoncer la Bonne Nouvelle de l'Évangile. Par conséquent, l'Église du Nazaréen encourage ses membres à:

- Donner fidèlement la dîme et faire des offrandes pour le soutien de l'évangile, construire des bâtiments d'église, soutenir ses ministres et ministères.
- Utiliser des méthodes légitimes et éthiques pour collecter des fonds.
- Bien planifier les finances de l'église.
- Payer fidèlement les donations et budgets locaux, éducatifs, de district et général.
- Anticiper les dons, offrandes, successions et des autres contributions pour soutenir les ministères de l'église.

Administrateur:
Un membre de l'Église du Nazaréen qui est choisi pour certaines responsabilités spécifiques dans les domaines visites, finances, évangélisation, compassion, culte public, discipulat, préparation et la distribution des éléments pour le dîner du Seigneur, entre autres.

John Wesley a recommandé de suivre les principes suivants pour la gestion de l'argent: "Gagnez tout ce que vous pouvez, économisez autant que vous pouvez, donnez tout ce que vous pouvez."

Qu'avons-nous Appris?

Que l'Église du Nazaréen:

Maintien des normes de conduite élevées et ne permet pas aux monde le façonne selon ses philosophies et ses valeurs.

Refuse d'avoir un code de conduite légaliste, au contraire, fournit des principes raisonnables et bibliques.

Affirme que l'entière sanctification des personnes reflète une véritable éthique chrétienne dans leur vie dans tous les domaines et rapports.

Reconnaître les implications sociales de l'Évangile et rechercher le développement chez ses membres une vision chrétienne du monde.

Des Activités

DES INSTRUCTIONS:

1. Expliquez quelle est la relation entre la façon dont nous agissons et vivons (comportement), ce que nous disons, nous pensons ou enseignons, et l'opinion des voisins de la communauté ecclésiale.
   _____
   _____
   _____
   _____
   _____

2. Comment la vie de sainteté se reflète-t-elle dans ce que nous pensons, disons et faisons ? Des exemples.
   _____
   _____
   _____
   _____
   _____
   _____

3. Quelles sont les idées créatives sur la façon dont l'église peut faire connaître les principes dans leur contexte, les principes éthiques que la Bible enseigne sur des sujets qui mettent en danger spirituel, physique, mental et émotionnel des gens.
   _____
   _____
   _____
   _____
   _____
   _____

4. Choisissez un sujet d'actualité pour la discussion en classe. Par exemple: l'avortement. Divisez la classe en deux groupes. Dessinez deux colonnes sur un tableau. Le groupe pro-avortement (c'est une décision individuelle) argumenter d'abord, en écrivant au tableau une liste de motifs et de raisons qui justifient cette pratique dans la société contemporaine. L'autre moitié de la classe argumentera contre l'avortement (en faveur de la vie) et défendra sa position en donnant des raisons, etc. et la réponse chrétienne, écrivant le même tableau aussi.

Notes

Évaluation finale

COURS: L'ADN DES NAZARÉENS

Nom de l'étudiant/e: _____
Église ou centre où vous avez étudié: _____
District: _____
Enseignant/e du cours: _____
Date de cette évaluation: _____

1. *Expliquez dans vos propres mots comment ce cours vous a aidé à valoriser votre identité en tant que nazaréen.*

_____
_____
_____
_____
_____

2. *Mentionnez un sujet du cours ou de la leçon qui vous a été nouveau et utile. Expliquer pourquoi.*

_____
_____
_____
_____
_____

3. *Expliquez comment ce cours vous a aidé à vous engager plus sérieusement dans la mission et le ministère de l'Église du Nazaréen.*

_____
_____
_____
_____
_____

4. *Qu'avez-vous appris dans la pratique ministérielle du cours?*

_____
_____
_____
_____

5. *À votre avis, comment ce cours pourrait-il être amélioré?*

_____
_____
_____
_____
_____

Bibliographie

Books:

Bangs, Carl. *Our Roots of Belief (Nos racines de croyance)*. Kansas City: Beacon Hill Press: 1981.

_____ *Phineas F. Bresee: His Life in Methodism, the Holiness Movement and the Church of the Nazarene (Phineas F. Bresee: Sa vie dans le méthodisme, le mouvement de la sainteté et l'Église du Nazaréen)*. Kansas City: Beacon Hill Press: 1995.

Bennis, Warren et Nanus, Burt. Líderes: *Las cuatro claves del liderazgo eficaz (Leaders : les quatre clés d'un leadership efficace)*. Mexique: Norma, 1996.

Coolidge, Faith. *Esta es mi Iglesia (C'est mon Église)*. Kansas City: Maison nazaréenne de Publications, s/f.

Fernández, Mónica Mastronardi. *Desarrollo integral de la Iglesia. Curso de Formación Ministerial. Guía para el profesor (Développement intégral de l'Église. Cours de Formation Ministérielle. Guide pour l'enseignant)*. Asociación CN-MAC, Guatemala: 2010.

Gilliland, Ponder W. *Credo y Conciencia (Believe and Behave) [Crédo y Conscience (Croire et se comporter)]*. Kansas City: Maison nazaréenne de Publications: 1969.

Église du Nazaréen. *Manuel de l'Église du Nazaréen 1898*.

_____ *Manuel de l'Église du Nazaréen 1908*.

_____ *Manuel de l'Église du Nazaréen 2005-2009*

_____ *Manuel de l'Église du Nazaréen 2013-2017*.

Kammerdiener, Donald. *El crecimiento de la iglesia ¿qué es y cómo lograrlo? (Qu'est-ce que la croissance de l'église et comment y parvenir?)*. El Paso, Texas: C.B.P., 1975.

Knight, Jean A. *Bridge to Our Tomorrows: A Millennial Address to the Church of the Nazarene*. Kansas City, Beacon Hill Press: 2000.

Larson, Pedro. *Crecimiento de la Iglesia. Una perspectiva Bíblica (Croissance de l'église. Une perspective biblique)*. El Paso, Texas: Casa Bautista de Publicaciones: 1989.

Malca, Ignacio. *Organización y política de la Iglesia del Nazareno. Curso de Formación Ministerial. Libro del alumno (Organisation et politique de l'Église du Nazaréen. Cours de Formation Ministérielle. Livre de l'élève)*. Asociación CN-MAC, Guatemala, 2010.

Redford, M.E. et Gene van Note. *Surge la Iglesia del Nazareno (L'Église du Nazaréen se lève)*. Kansas City: Maison nazaréenne de Publications: 1988.

Riggle, MaryLou. *La Teología Wesleyana en Perspectiva Histórica (La théologie wesleyenne dans une perspective historique)*. I Convocatoria Académica, SENDAS, San José, Costa Rica: 1988.

Riofrío, Victor. *Historia de la Iglesia del Nazareno. Curso de Formación Ministerial. Guía para el profesor (Histoire de l'Eglise du Nazaréen. Cours de Formation Ministérielle. Guide du prof)*. Asociación CN-MAC, Guatemala: 2010.

Robertson, Archibald Tomas. *Imágenes verbales del Nuevo Testamento. Tomo 4. Epístolas de Pablo (Images verbales du Nouveau Testament. Tome 4. Épîtres de Paul)*. Barcelona: Clie, 1989.

Smith, Timothy L. *Called Unto Holiness*. Kansas City: : Maison nazaréenne de Publications, Vol. 1, 1962.

Stott, Jean J. *"La Iglesia" Parte IV de El cristiano contemporáneo ("L'Église" Partie IV de The Contemporary Christian)*. Buenos Aires: Nueva Creación: 1995.

Taylor, R.S. Grider J.K. et Taylor W.H. *Beacon Dictionary of Theology (Dictionnaire théologique de balise)*. Kansas City: Beacon Hill Press: 1995.

Teakell, Garnett. *Arminio y los Arminianismos (Arminius et les arminianismes)*. Convocatoria Académica, SENDAS, San José, Costa Rica: 1988.

Truesdale, Albert. *Asunto de vida o muerte (Question de vie ou de mort)*. Kansas City: Maison nazaréenne de Publications, 1993.

Young, Bill. *Sucedió en un Pueblito (It happened at Pilot Point) [C'est arrivé à Pilot Point]*. Kansas City: Maison nazaréenne de Publications: 1972.

Brochures publiées par l'Église du Nazaréen:

Bienvenido a la Iglesia del Nazareno: Guía para Miembros Nuevos (Bienvenue dans l'Église du Nazaréen : un guide pour les nouveaux membres). Kansas City: Présence Éditoriale, 2003.

Cuidado Pastoral de los Miembros de la Iglesia (Pastorale des membres de l'Église). Kansas City, 2002.

Diccionario para nuevos creyentes (Dictionnaire pour les nouveaux croyants). San José, Costa Rica: Église de la région MAC nazaréenne, 2001.

Introducción a la Membresía de la Iglesia (Introduction à l'adhésion à l'Église). Kansas City: Maison nazaréenne de Publications, 2000.

Valores Esenciales de la Iglesia del Nazareno (Valeurs essentielles de l'Église du Nazaréen). Kansas City, 2000.

Journaux:

Holiness Today (Sainteté aujourd'hui), Août 2000 vol. 2, No. 8, Kansas City, Maison d'édition nazaréenne.
Holiness Today (Sainteté aujourd'hui), Mai 2000, vol. 2, No.2, Kansas City, Maison d'édition nazaréenne.
Holiness Today (Sainteté aujourd'hui), Décembre 2000, vol. 2, No.12, Kansas City, Maison d'édition nazaréenne.
Holiness Today (Sainteté aujourd'hui), Juin 2000, vol. 2, No.6, Kansas City, Maison d'édition nazaréenne.

Pages Web:

Église du Nazaréen, Manuel 2013-2017. Téléchargeable sur : www.mesoamericaregion.org/package/manuel-2013-2017

www.nazarene.org/minitries/administration/archives/display.aspx

www.nazarene.org/superintendents/mission/display.aspx

www.nazarene.org/superintendents/display.aspx

www.nazareneworldmission.org/regions.aspx

www.nazareneglobalministrycenter.org

80